Educação, arte e vida em Bakhtin

Maria Teresa de Assunção Freitas (Org.)

Educação, arte e vida em Bakhtin

autêntica

Copyright © 2013 Maria Teresa de Assunção Freitas
Copyright © 2013 Autêntica Editora

Todos os direitos reservados pela Autêntica Editora. Nenhuma parte desta publicação poderá ser reproduzida, seja por meios mecânicos, eletrônicos, seja via cópia xerográfica, sem a autorização prévia da Editora.

PROJETO GRÁFICO DA CAPA
Alberto Bittencourt
(Sobre imagem de Stephen Morillo)

DIAGRAMAÇÃO
Christiane Morais

REVISÃO
Dila Bragança

EDITORA RESPONSÁVEL
Rejane Dias

Todos os esforços foram empreendidos para obter a permissão de publicação da imagem de capa desta obra. Pedimos desculpas por eventual omissão involuntária e nos comprometemos a inserir os devidos créditos e corrigir possíveis falhas em edições subsequentes.

Dados Internacionais de Catalogação na Publicação (CIP)
(Câmara Brasileira do Livro, SP, Brasil)

Educação, arte e vida em Bakhtin / organizadora Maria Teresa Freitas. -- Belo Horizonte : Autêntica Editora, 2013.

Vários autores.

Bibliografia

ISBN 978-85-8217-123-3

1. Bakhtin, Mikhail Mikhailovitch, 1895-1975 2. Educação - Filosofia I. Freitas, Maria Teresa. II. Título.

12-15694   CDD-370.1

Índices para catálogo sistemático:
1. Bakhtin : Educação : Filosofia 370.1

AUTÊNTICA EDITORA LTDA.

Belo Horizonte
Rua Aimorés, 981, 8º andar . Funcionários
30140-071 . Belo Horizonte . MG
Tel.: (55 31) 3214 5700

Televendas: 0800 283 13 22
www.autenticaeditora.com.br

São Paulo
Av. Paulista, 2073, Conjunto Nacional, Horsa I,
23º andar, Conj. 2301
Cerqueira César . São Paulo . SP .
01311-940
Tel.: (55 11) 3034 4468

Sumário

Prefácio......7
Rita Ribes

Bakhtin tudo ou nada diz aos educadores:
os educadores podem dizer muito com Bakhtin......11
João Wanderley Geraldi

A educação como resposta responsável: apontamentos
sobre o outro como prioridade......29
Sonia Kramer

Bakhtin e Pasolini: vida, paixão e arte......47
Solange Jobim e Souza; Elaine Deccache Porto e
Albuquerque

Política como ação responsiva: breve ensaio acerca
de educação e arte......69
Cecilia Maria Aldigueri Goulart

Implicações de ser no mundo e responder aos desafios
que a educação nos apresenta......95
Maria Teresa de Assunção Freitas

Os autores......107

Prefácio

Quando nos olhamos, dois diferentes mundos se refletem nas pupilas dos nossos olhos. Essa imagem trazida por Mikhail Bakhtin para tratar do tema do acabamento na atividade estética parece bastante fértil para apresentar na forma de livro um registro da experiência vivida no I Encontro de Estudos Bakhtinianos, realizado na Universidade Federal de Juiz de Fora no mês de novembro de 2011. Essa imagem coloca em pauta duas teses fundamentais à filosofia bakhtiniana que ajudam a dar visibilidade ao propósito desse evento: a primeira diz respeito à consciência da incompletude; a segunda, à alteridade como experiência vital. Só o outro pode narrar nosso nascimento e nossa morte. E mesmo a nossa vida – assim como aquilo que sabemos dela – carece dos contornos que só o outro pode nos oferecer. Estão em jogo a singularidade e a incompletude da nossa perspectiva de visada e também a pluralidade de perspectivas a que o olhar do outro pode convidar.

O I Encontro de Estudos Bakhtinianos – assim como as já tradicionais Rodas de Conversa Bakhtiniana inspiradas no autor e em seu círculo teórico – ofereceu-se como um acontecimento que coloca em cena esse jogo de olhares. Tendo como tema central a responsividade bakhtiniana, o evento se organizou em três eixos de trabalho: "Educação como resposta responsável", "O contemplador: vivências estéticas e responsividade" e "Política como ação responsiva", com o propósito de expor a articulação entre as dimensões ética, estética e epistemológica que ganham unidade na ação responsiva. Em torno desses subtemas foram organizadas *rodas de conversa*, cujos textos que serviram de base para o diálogo se encontram sistematizados nos anais do evento, e *mesas de debates*, cujos textos são apresentados neste livro.

Para que formar rodas de conversa se não para nos colocarmos face a face? Se não para expandir nossos mundos com as indagações que nos vêm do olhar do outro? Com esses propósitos colocaram-se em debate estudiosos dos campos da educação, da filosofia, das artes plásticas, da literatura, da música, do cinema, do esporte, do campo jurídico, entre outros. Quantos diferentes mundos se espreitam quando olhamos nos olhos de Bakhtin? Em que medida um autor pode oferecer contrapalavras a questões com origens tão diversas? Que dizer sobre as interlocuções teóricas que essas questões inauguram? Indagações como estas permearam o evento como um todo e se ofereceram como mote para os textos que compõem este livro.

Em torno da sentença *Bakhtin tudo ou nada diz aos educadores – os educadores podem dizer muito com Bakhtin*, João Wanderley Geraldi problematiza o desafio de se buscar em Bakhtin respostas a perguntas que originariamente o autor não formulou ou a temas que não foram objeto específico de sua atenção. O autor encaminha sua reflexão ponderando que a educação é uma prática social, alteritária em sua própria natureza, residindo aí uma ancoragem possível em que Bakhtin oferece aos educadores perspectivas de visada a partir das quais é possível formular fecundas questões e ações responsivas.

Em *Educação como resposta responsável: apontamentos sobre o outro como prioridade*, Sonia Kramer reafirma o lugar social do outro na educação, colocando em xeque as minúcias da prática cotidiana e as políticas públicas que as sustentam. Reafirmando o compromisso bakhtiniano com a liberdade, a autora traz a poesia de Brecht como um convite a pensar a educação como uma experiência humana, e o lugar social que ocupamos como deflagrador do compromisso de construção para uma ação responsiva.

Seguindo o propósito de fomentar com nossas indagações interlocuções originariamente não vividas por Bakhtin, Solange Jobim e Souza e Elaine Deccache Porto e Albuquerque criam na grande temporalidade o debate *Bakhtin e Pasolini: vida, paixão e arte*. Dividido em duas partes e primando pelo movimento que é constitutivo do diálogo, a primeira, sistematizada por Solange, busca pontuar aproximações teóricas sobre arte, criação e vida presentes no pensamento desses autores e a segunda, elaborada por Elaine, dedica-se a comentar as formulações inicialmente apresentadas, colocando também em questão o papel do comentador.

Política como ação responsiva – breve ensaio acerca de educação e arte é o texto que Cecília Maria Aldigueri Goulart apresenta para nos convidar a transformar a afirmação propositiva "Política como ação responsiva" num questionamento que se inicia com a pergunta: "que é a política?". Em torno dessa indagação a autora procura inicialmente expor as concepções de política que permeiam a arquitetônica da obra bakhtiniana e, posteriormente, reapresenta a pergunta: "que é a política?" a partir da arte teatral de Bosco Brasil e do diálogo travado entre as personagens de Brecht: Clausewitz e Segismundo.

Implicações de ser no mundo e responder aos desafios que a educação nos apresenta é o texto-chave que Maria Teresa de Assunção Freitas traz para fechar este livro e que serve também para reabrir a conversa proposta no início desta apresentação. A autora revisita sua história de educadora e dela extrai fragmentos que convidam a pensar sobre a responsividade a que a educação intermitentemente nos convoca. Mais que isso, ao trazer para o debate o sentido de *ser no mundo* em sua singularidade, experiência ressignificada pelo olhar exotópico permitido por Bakhtin e os outros tantos autores e interlocutores que marcam a história de uma vida, a autora nos ajuda a lembrar – ou pelo menos a não esquecer – que necessitamos do olhar do outro porque só ele pode conferir novas dimensões à nossa humanidade.

É na relação com o outro que o eu vai ganhando forma, e nessa relação de alteridade todos se modificam.

Esta coletânea de textos, assim como o evento que os originou são também perspectivas a partir das quais se experimenta um olhar para a obra de Bakhtin. Uma maneira, entre as muitas possíveis, de nos vermos refletidos nas pupilas do autor e de perceber a infinidade de mundos que se abrem quando nossas indagações se encontram com as dele. Vale lembrar, entretanto, que toda autoria marca um lugar, uma perspectiva a partir da qual se espreita. Esta coletânea, organizada por Maria Teresa de Assunção Freitas, portanto, traz também as marcas de uma perspectiva de visada: nela estão explícitas as escolhas pela realização do evento, dos eixos norteadores, dos autores convidados e das temáticas sugeridas, as formas de debates, a recepção calorosa. O Bakhtin com quem nos encontramos nesse evento e nesta coletânea recebeu um acabamento que foi dado pela organização de Maria Teresa e de seu Grupo de Pesquisa Linguagem, Interação e Conhecimento (LIC-UFJF). Nosso lugar de convidado – como participante do evento ou como leitor deste livro – é também o lugar de quem se vê refletido nas suas pupilas. E quem já teve a oportunidade de olhar nos olhos de Maria Teresa sabe bem do que eu estou falando.

Rita Ribes
Primavera de 2012

Bakhtin tudo ou nada diz aos educadores: os educadores podem dizer muito com Bakhtin

João Wanderley Geraldi

> *O passado criador deve revelar-se **necessário** e **produtivo** nas condições específicas de uma localidade, como uma humanização criadora dessa localidade, que transforma uma parcela do espaço terrestre num lugar histórico de vida para o homem, num espaço histórico do mundo. [...]*
>
> *Tudo é visível, concreto, material nesse mundo, e, ao mesmo tempo, tudo nele está marcado por um pensamento e por uma atividade necessária.*
> (Mikhail Bakhtin, *O romance de educação na história do realismo*)

Há alguns anos prometi ao colega Alfredo da Veiga-Neto escrever um pequeno livro, que deveria ser o terceiro volume da coleção Pensadores & Educação por ele coordenada na Editora Autêntica. O livro se chamaria *Bakhtin & a Educação*. A ideia da coleção, e ela vem publicando títulos anualmente, é aproximar pensadores reconhecidos internacionalmente com a educação. Alguns dos volumes já publicados mostram o sucesso da ideia: *Foucault & a Educação*; *Rousseau & a Educação*; *Nietzsche & a Educação*; *Comenius & a Educação* – apenas para citar alguns dos volumes já publicados. Eu ainda devo o volume que focalizaria Bakhtin.

Mas antes mesmo de ter qualquer coisa escrita, já ouvi a crítica a esta aproximação. Estava numa sessão de defesa de tese de doutoramento, quando um linguista reconhecido entre os brasileiros afirmou que Bakhtin nada tinha a ver com a educação, e que seu uso por educadores era uma espécie de usurpação. Apesar do rito próprio de uma defesa de tese, não me contive, interrompi a arguição e falei ao professor: "O senhor é um intelectual de peso em nossa área, não pode falar uma besteira destas!", e ouvi, estarrecido, sua resposta: "estou repetindo o que ouvi, quem disse isso foi seu colega ...".

E isto porque Bakhtin nada escreveu sobre educação (escolar), embora tenha dedicado grande parte de sua vida ao magistério, portanto ao ensino e à aprendizagem, o que sempre representa uma aposta no futuro.

Então, se Bakhtin nada escreveu sobre educação – exceto enunciados extraídos de contexto relativos ao estilo e à sua "aquisição", ou relativo ao necessário convívio com textos literários originais, convívio tão profundo que permitisse ao estudante repeti-lo, ele nada teria dito aos educadores e qualquer uso de seus conceitos seria usurpação? Ele escreveu sobre literatura, e entre seus textos encontra-se um que analisa o romance de formação. Deste texto certamente é possível extrair alguns ensinamentos que servem não só para compreender a emergência do gênero, mas também as preocupações com a formação dos homens que a nós sobreviverão, questão típica com que lida a educação (escolar ou não). Ainda sim, este não é um texto sobre escola e sobre a formação que esta pode ou deveria dar.

Se não encontramos na obra indicações diretas a que se referir quando pensamos a educação, podemos sim dizer que Bakhtin nada escreveu sobre o assunto, mas isso não autoriza dizer que nada teria dito aos educadores, ainda que tenha sido um deles. É porque escreveu o que escreveu que podemos dizer que Bakhtin disse tudo o que disse também aos educadores, que muito podem dizer a partir de suas reflexões e das reflexões de seu Círculo.

O princípio da alteridade

Iniciemos pelos fundamentos. A primeira grande aposta de Bakhtin é na relação constitutiva entre o eu e o outro. A alteridade é o espaço da constituição das individualidades: é sempre o outro que dá ao eu uma completude provisória e necessária, fornece os elementos que o encorpam e que o fazem ser o que é. No corpo biológico que somos constituímos histórica e geograficamente o sujeito que seremos – não sempre o mesmo, mutável segundo suas relações, incompleto e inconcluso. Muitos e um só: unidade e unicidade, que por histórica não significa permanência do mesmo, mas mutabilidade no supostamente mesmo. Este princípio da alteridade está presente em toda a obra de Bakhtin:

> a) nas reflexões sobre a linguagem, à medida que toma esta como um universo simbólico em que nascemos e no qual nos movimentamos, que nos precede e que permanecerá depois que formos, mas que não será mais a mesma depois de nós. Ensina que todos os campos da atividade humana estão ligados a seu uso. Nela nos constituímos, internalizando os signos que a compõem. Internalização que não se dá da mesma forma para cada um, ainda que vivam no mesmo tempo e no mesmo espaço, porque as contrapalavras com que compreendemos cada novo signo não são as mesmas com que outro o compreende. Por isso os signos não têm uma relação de biunivocidade, ao contrário são semanticamente plurivocais, plurissignificativos, multiplamente acentuados pelas entonações avaliativas que o penetram como uma alma sem a qual não existiria como signo, porque não tem vida fora do enunciado concreto. Somos, pois, a alteridade que nos constitui, mas não somos reprodução dessa alteridade porque somos agentivos por nossas contrapalavras;

> b) nos estudos literários (Dostoiévski, Rabelais, Goethe, Pushkin, Gógol...) não só porque na escrita há uma relação necessária com o enunciatário, com o leitor, mas sobretudo porque há no interior das próprias obras alteridades entre personagens, entre autor, narrador e seus heróis. É precisamente nos estudos literários que chegará a cunhar o conceito de polifonia (Dostoiévski), depois retomado como heteroglossia:

>> [...] em cada momento dado coexistem línguas de diversas épocas e períodos da vida socioideológica. Existem até mesmo

linguagens dos dias: com efeito, o dia socioideológico e político de "ontem" e o de hoje não têm a mesma linguagem comum; cada dia tem a sua conjuntura socioideológica e semântica, seu vocabulário, seu sistema de acentos, seu slogan, seus insultos e suas lisonjas. A poesia despersonaliza os dias na sua linguagem, já a prosa [...] desarticula-os frequente e propositadamente, dá-lhes representantes em carne e osso e confronta-os dialogicamente em diálogos romanescos irreversíveis. [...] as linguagens não se excluem umas das outras, mas se interceptam de diversas maneiras... (BAKHTIN, 1988, p. 98)

c) nos estudos culturais (o substantivo estudo sobre Rabelais e seu contexto), em que a cultura popular e a cultura erudita representam um e outro, em diálogo constitutivo. O multiculturalismo seria da essência do processo de constituição das subjetividades e se fortalece pela diversidade linguística. A experiência humana diferente (não a desigualdade) enriquece o processo de humanização. Um mundo único, um pensamento único, uma única possibilidade de futuro seria o processo de empobrecimento da humanidade;

d) e sobretudo nos estudos da ética, fundando o ato responsivo justamente na responsabilidade para com o outro a que responde e aos outros que responderão ao ato praticado. O princípio da alteridade é aqui fundante, quer porque o outro é a medida de todos os nossos atos, quer porque participamos todos do Ser-evento que está sempre por ser alcançado, em outras palavras, a humanização da humanidade não tem fim, é sempre processo;

e) mas também, e sem surpresa, nos estudos sobre a cognição quando assume a posição de que as ciências humanas são de uma heterocientificidade, fazendo dialogarem dois modos de fazer ciência. Ao dilema galileano posto para as ciências humanas, sintetizado por Ginzburg (1989, p. 98) na fórmula "ou assumir um estatuto científico frágil para chegar a resultados relevantes, ou assumir um estatuto científico forte para chegar a resultados de pouca relevância", responde com base no fato óbvio de que os cientistas humanos não estudam objetos, mas seres vivos e falantes e que qualquer conhecimento aí produzido coteja textos, enunciados concretos proferidos, e apresenta ao outro que quer compreender uma resposta provisória e até mesmo interferente, porque os sentidos desvelados podem alterar o curso dos atos no mundo real. Como compreensões humanas, são mergulhos que, por mais profundos que sejam, não deixam de ser apontamentos, registros, descrições, enfim compreensões marcadas pelo tempo de sua construção, cujas "verdades pretensamente essenciais, objetivas e atemporais não têm nada a recomendá-las, exceto as descrições daqueles que as chamam verdades" (CLARK, 2006, p. 17).

Assim, nos campos de estudos de Bakhtin, está sempre presente o outro como ser vivo e falante. E este é precisamente o mesmo princípio fundante da ação educativa, ainda que às vezes esquecido porque tão profundamente enraizado: não há educação fora da relação entre o eu e o outro. E tal como em Bakhtin, desta relação com a alteridade nenhum dos dois sai inalterado, ninguém sai como entrou. Se no mundo da vida não saímos de um diálogo sem com ele nos enriquecermos, também nos processos educativos professor e aluno saem diferentes, porque nessa relação ambos aprendem.

A esse princípio estruturante da arquitetônica bakhtiniana acrescenta-se o caminho de aproximação entre o eu e o outro, não o único possível, mas aquele defendido pelo Círculo: o diálogo (o que não significa consenso, obviamente). O diálogo é a maneira criativa e produtiva do eu se aproximar com suas palavras às palavras do outro, construindo uma compreensão que, por não ser de mero reconhecimento dos signos usados, é sempre uma proposta, uma oferta, uma resposta aberta a negociações e a novas construções. Os sentidos jamais se fecham e jamais estão sozinhos: eles vêm acompanhados da entonação avaliativa, e esta é o modo de marcar materialmente posições socioideológicas. Se não há signo sem ideologia, não há diálogo efetivo sem os necessários deslocamentos, ainda que mínimos, de uma posição para compreender a outra posição, e dela retornar para sua posição, enriquecido pelo embate produtivo do encontro de consciências equipolentes, autônomas, mas não independentes das condições sócio-históricas de suas constituições. Sem esses deslocamentos, o diálogo morre no seu nascedouro: são vozes mudas que falam a surdos.

Extrair e deslocar conceitos: uma atividade responsiva

A provocação do título deste texto é precisamente esta: Bakhtin pode ter dito tudo ou nada aos educadores, depende essencialmente dos educadores seus leitores. Para aqueles que defendem o positivismo, certamente o deslocamento de conceitos produzidos numa área para outra área é um perigo a ser evitado. E mais, nesta mesma perspectiva é ainda proibido dizer além do já dito no texto lido: a paráfrase é o máximo que se admite. Mesmo reconhecendo que os signos-interpretantes abrem uma cadeia infinita de possibilidades, o positivista restringirá ao máximo esta cadeia para fixar sentidos, evitar a fluidez e, sobretudo, evitar a provisoriedade de suas conclusões.

Diferentemente destas posições, Bakhtin, ao aceitar o enunciado concreto como o lugar da vida da língua e ao assumir o princípio básico da alteridade, assume em sua concepção de linguagem, como próprio de seu funcionamento, que a todo texto o outro comparece com suas contrapalavras, bem entendido que estas não são próprias, mas esquecimentos das origens. Nesse encontro que dá vida à escuta e à escrita, pelo movimento de compreensão responsável, ressurgem sentidos, constroem-se sentidos, avançam-se compreensões, sempre como projeções do compromisso inarredável com o futuro.

Na expressão de Boukharaeva (1997, p. 48):

> Não importa como concretamente se manifestam as ambições mascaradas sob a busca da única possível verdade. Elas podem variar da gritaria de possessos sobre a preservação

do passado inabalável, das tradições e dos projetos sagrados e inquestionáveis, até os apelos ao absolutamente novo, ao melhor que pode ser imaginado e feito e, por isto, genial. A propósito, os extremos se reúnem e até coincidem perfeitamente, até na mesma máscara. As práticas cultuais na busca carnavalizada da verdade esquecem que as ideias não morrem e não aparecem do nada. A lógica vital das ideias científicas é a lógica da renascença: a ideia, uma vez produzida, permanece na memória cultural social e renasce para uma nova vida em um novo contexto histórico, na coautoria de seu "novo" criador com todos os antepassados. Assim, nesta lógica de vida das ideias científicas, se realiza a união arquitetônica da eventualidade cronotópica. As práticas do culto na ciência demonstram, na realidade, a falta de força suficiente e de vontade para se aproximar do ideal comunicativo do diálogo.

Assim, penso que Bakhtin autoriza, coerentemente com suas concepções, deslocamentos dos conceitos que produziu, reaproximações, aplicações a outros campos, enfim, usos como respostas que lhe dão vida num tempo em que só nos restam suas palavras escritas.[1]

Excedente de visão

O conceito de "excedente de visão" aparece inicialmente no estudo da relação entre autor e personagem, já que o primeiro disporia de um plano, um projeto sobre a vida que levará sua criatura. Enquanto criador, o criador conduz a criatura, embora esta possa, como é o caso no romance polifônico, impor-se ao criador, exigindo mudanças de planos. Mas na própria explicação do conceito já aparece o mundo da vida, o mundo de fora da arte, em que também há exce-

---

[1] No que se segue, retomarei os conceitos bakhtinianos que me parecem mais frutíferos para pensar a educação. Necessariamente vou repetir aqui observações já trabalhadas em textos anteriores, particularmente o texto "A diferença identifica. A desigualdade deforma. Percursos bakhtinianos de construção ética e estética", publicado em Freitas, Souza e Kramer (2003) e republicado em Geraldi, J. W. (2010).

dentes de visões. Na relação com o outro, este sempre me vê na paisagem em que estou, com um pano de fundo que me é inacessível. Essa inacessibilidade a si próprio, no contexto em que se está, mostra-nos nossa incompletude fundante.

É no panorama em que estou, que o outro vê, que adquiro para ele contornos definidos. Somente ele pode me fornecer esses contornos, essas definições provisórias. Em consequência, ele tem um excedente de visão com que poderá preencher, na forma de uma completude provisória, minha incompletude. Obviamente, dele eu também sou um outro e, como tal, com excedente de visão. Ambos incompletos, só temos uma forma de relação que possa preencher o vazio: a aproximação dialógica é a forma de encontrar completudes provisórias.

Deslocado este conceito para a relação pedagógica, de imediato aparecem dois excedentes de visão que beneficiam um dos lados do par eu/tu: os excedentes de visão que tem o professor a respeito da continuidade do processo educativo (seus objetivos, suas finalidades, etc.) e o conhecimento excedente em relação ao que conhece o aluno. Por outro lado, como a relação pedagógica se funda na aprendizagem (e não no ensino que somente existe em função desta), o professor depende crucialmente do aluno, para sua completude e sucesso como professor: do que ele conhece (onde ancorará o novo) e de seu engajamento no projeto de futuro que lhe é exposto em cada gesto, em cada conteúdo, pois é o compromisso com o futuro que justifica a própria existência da relação pedagógica.

Acabamento, memória do futuro e cálculo
de horizontes de possibilidades

Apresentarei estes conceitos num campo distinto daquele onde foram cunhados por Bakhtin – o campo estético. Usarei como exemplo o trabalho do arquiteto, pois o considero tipicamente um trabalho "cronotópico": o trabalho que se faz no tempo alterando o espaço. Olhando para o espaço vazio de um terreno, o arquiteto projeta (futuro) uma casa (algo que tem um acabamento material, delimitado). Dessa casa ainda inexistente, o arquiteto tem uma memória, a memória de seu acabamento final. Iniciada a obra de engenharia, cada gesto aí praticado busca concretizar esta memória do futuro (que está no projeto) para realizar o acabamento previsto. Isso significa que a ação presente tem como critério fundamental o futuro ainda inexistente. Imaginemos a possibilidade de haver um obstáculo. Para superá-lo é preciso ter presente o projeto (a memória de futuro), encontrar nele os critérios que permitam, analisando o presente existente, as possibilidades de ação para realizar o que se deseja. Calcular os horizontes de possibilidades é o que se faz no presente, a cada momento não rotinizado da vida, em que os gestos se fazem acontecimentos essenciais para concretizar a memória de futuro do acabamento previsto no projeto da casa desenhado pelo arquiteto.

No romance, na narrativa, o acabamento da história está no plano de seu criador (o que não quer dizer que ele o realize sem alterações), como está em cada cinzelada do escultor ao trabalhar o mármore. A obra terá o acabamento que lhe der seu autor. No mundo da vida de cada um de nós, não há criador, não há acabamento definitivo a ser perseguido. Há sempre algo-a-ser-alcançado: o que nos vai dando sentido, direção (nunca reta nem linear). Por isso, no mundo da vida estamos sempre calculando possibilidades e escolhemos uma delas no leque que se nos apresenta em função do futuro (acabamento provisório) de que temos memória.

Esses conceitos nos permitem (re)compreender a relação pedagógica. Se nela pensássemos o acabamento como a casa a ser construída, reduziríamos nossos alunos a objetos, extraindo-lhes sua humanidade. Por outro lado, sem nenhuma memória de futuro, a ação pedagógica seria absolutamente inviável: é preciso projetar um futuro para dele extrair os critérios de seleção do que é passado que possa funcionar como alavanca de construção desse futuro. Nesse sentido, o ato pedagógico tem algo de estético, necessariamente: antevê (ou transvê, para usar a expressão do poeta Manoel de Barros) um acabamento provisório no futuro, dele tem uma memória, e com essa memória calcula as ações possíveis no presente com o material que nos fornece o passado, mas selecionados para realizar o futuro: saberes, conhecimentos, crenças, utopias, etc. Nas palavras de Bakhtin:

> A consciência contemporânea não tem força para até o fim escolher e até o fim rejeitar. Por isso a ação ideologicamente determinada e integral está excluída da contemporaneidade. Mas ali, onde não há *escolha* consciente, a *inércia* entra em vigor. Aquele que até o fim não deseja ser o instrumento submisso de uma verdade só, se torna um ponto de aplicação das forças cósmicas despersonalizadas (BAKHTIN *apud* BOUKHARAEVA, 1997, p. 70).

Nesse sentido, uma educação bakhtinianamente inspirada não tem, como parece ter a tradição escolar, um compromisso com o passado de preservação do conhecimento, de sua transmissão para as novas gerações para que se mantenha sempre igual a si mesmo; ao contrário, um compromisso com o futuro.

Como ensina Bakhtin (1992, p. 253): "o passado determina o presente de um modo criador, e juntamente com o presente, dá dimensão ao futuro que ele predetermina". Ou ainda:

> O passado criador deve revelar-se *necessário e produtivo* nas condições específicas de uma localidade, como uma humanização criadora dessa localidade, que transforma uma parcela do espaço terrestre num lugar histórico de vida para o homem, num espaço histórico do mundo.

Sabemos o quanto há de inércia nos cotidianos escolares. Sabemos o quanto há de compromisso com o passado, onde o futuro não passa da repetição do presente. Sabemos o quanto há de preservação, quando a humanização do Ser-evento em que somos todos e que fazemos vir está exigindo desconstruir verdades estabelecidas, aceitar as provisoriedades, evitar o fechamento das possibilidades.

Responsabilidade e não álibi para a existência

É no conceito de responsabilidade/responsividade que Bakhtin funda a unidade do ato ético. É nela que se amalgama o mundo da vida com o mundo da cultura, das representações que fazemos dos homens, das coisas e de suas relações. Todo ato responde; a todo ato, outros atos responderão. A responsabilidade é, portanto, bifronte: com o passado que o ato interpreta e com o futuro que o ato desencadeará nas respostas que receber. A um mundo de leveza e fluidez ética, Bakhtin responde com uma proposta extremamente pesada. Funda sua filosofia moral na responsabilidade de cada um diante de todos, e não só com o presente, mas com os antepassados e com aqueles que nos sucederão. Essa exigência ética forte já aparece no primeiro texto publicado pelo autor, *Arte e responsabilidade* e se reafirma ao longo de *Para uma filosofia do ato responsável*:

> A vida pode ser compreendida pela consciência somente na responsabilidade concreta. Uma filosofia da vida só pode ser uma filosofia moral. Só se pode compreender a vida como evento, e não como ser-dado. Separada da responsabilidade, a vida não pode ter uma filosofia; ela seria, por princípio, fortuita e privada de fundamentos (BAKHTIN, 2010, p. 117).

Nos outros campos sobre os quais Bakhtin refletiu – o campo da estética e o campo da cognição – é precisamente a fluidez, a defesa da inexistência de uma verdade única, as vozes polifônicas, as não determinações que imperam. No entanto, no estudo dedicado precisamente à ética, encontra-se uma extrema exigência. Ela resulta da responsabilidade associada ao não álibi da existência: não posso dizer "não estou aqui", "neste preciso ponto singular no qual agora me encontro, nenhuma outra pessoa jamais esteve no tempo singular e no espaço singular de um existir único" (BAKHTIN, 2010, p. 96) e, portanto, imperiosamente ajo o tempo todo, e como meus atos devem ser responsáveis diante dos outros (passado e futuro) e diante do Ser-evento que estamos todos produzindo (a humanidade), Bakhtin é de um profundo rigor. Haveria incongruência entre suas posições a propósito da ciência e da arte, relativamente a sua posição na ética?

Antes de tudo, distingamos: rigor não é rigidez. Sua proposta ética é rigorosa, não rígida. E a fluidez reaparece: o Ser-evento em que todos somos e que todos realizamos não é algo já dado, pronto, acabado. Um deus *ex-nihilo*, um princípio moral imutável ou qualquer outro elemento atemporal em que se fundaria a ética. Nossa responsabilidade é precisamente com algo aberto, algo a ser alcançado, a ser realizado e a "definição" desse algo é histórica, temporal, local: uma construção, e não um construto; um processo, e não um produto.

A aplicabilidade destes dois princípios éticos nas relações pedagógicas é quase óbvia. Mas desvendar obviedades é sempre tão difícil... Somos responsáveis diante de nossos alunos, e esperamos que eles sejam responsáveis por seus atos em nossas aulas. O que queremos formar é algo-a-ser-alcançado, cuja definição não é fixa, rígida, mas apenas de contornos; a escolha responsável pelo que o passado produziu como ferramenta de construção do futuro jamais se esgota, jamais acaba: estamos sempre revendo, sempre refazendo, enxergando o velho com óculos novos, pois "no Tempo Grande nada desaparece sem deixar sinal, tudo renasce para uma nova vida". E não temos álibi: estamos sempre educando, formal ou informalmente, ainda que seja numa perspectiva negativa, indesejável.

Pravda e *istina*

A língua russa oferece a Bakhtin uma distinção mais difícil de perceber em português. Nós dispomos de uma única palavra para "verdade", seja para referir a construção abstrata feita pela ciência, seja para referir o sentimento e vontade específicos de um determinado momento na vida singular e única de um sujeito. Eis como aparece a distinção:

> O fato de que o tom emotivo-volitivo ativo, que penetra em tudo o que é realmente vivido, reflita a inteira irrepetibilidade individual do momento dado do evento, não o

torna, de modo algum, impressionisticamente irresponsável e ilusoriamente válido. É precisamente aqui que se acham as raízes da responsabilidade ativa que é minha responsabilidade; o tom emotivo-volitivo busca expressar a verdade [*pravda*] do momento dado, o que o relaciona à unidade última, uma e singular.

É um triste equívoco, herança do racionalismo, imaginar que a verdade [*pravda*] só pode ser a verdade universal [*istina*] feita de momentos gerais, e que, por consequência, a verdade [*pravda*] de uma situação consiste exatamente no que esta tem de reprodutível e constante, acreditando, além disso, que o que é universal e idêntico (logicamente idêntico) é verdadeiro por princípio, enquanto a verdade individual é artística e irresponsável, isto é, isola uma dada individualidade (BAKHTIN, 2010, p. 92).

Transitar entre o irrepetível e o repetível, o que é do nível do indivíduo e o que é de nível geral, consiste, em termos educacionais, no movimento pendular constante do professor e do aluno. Trabalhamos com conhecimentos reconhecidos pela tradição, e vivemos no mundo simbólico do senso comum, dos saberes e conhecimentos vividos, da experiência. Ao aceitarmos apenas a verdade racionalmente construída, perdemos a verdade [*pravda*] da vida vivida, da experiência, do repentino que não voltará; mas se ignorarmos a verdade científica, construída, abstrata [*istina*], reduzimos o vivido a momentos que se sucedem sem que a humanidade construa com a experiência qualquer aprendizagem. Este vai e vem entre uma e outra verdade faz o nosso cotidiano. Impossível não enxergar na indisciplina de um aluno o momento dado e concreto que vive; impossível não enxergar no conhecimento ferramentas que servirão para construir um futuro humano, por mais distante que este nos pareça no presente.

Cronotopos: as complexas relações entre espaço e tempo

No tempo histórico modificamos os espaços, a materialidade destes nos mostra o tempo: o que antes era futuro, hoje é passado que alicerça o presente visando um outro futuro de que temos memória porque o projetamos. No presente não agimos fora de um espaço necessário: o local (não o global tão decantado para que esqueçamos a efetividade da vida).

Essas relações complexas entre passado, presente e futuro e a inserção necessária destes num espaço alteram nosso costumeiro olhar segundo o qual o tempo foi espacializado para desaparecer como história. Temporalizar o espaço é escovar benjaminianamente a contrapelo. Encontrar nas ruínas, também dos sonhos, não escombros a remover, mas alicerces com que ressuscitar o novo é um caminho distinto daquele que varre tudo para um passado tomado como morto, inerte, improdutivo.

Talvez a inspiração que vem dos cronotopos com que Bakhtin analisou a literatura possa revitalizar o passado com que lidamos – os conhecimentos e saberes já produzidos – revigorado pela aposta no futuro em que estes mesmos conhecimentos e saberes, suplantados pelo novo, permanecerão como monumentos necessários no caminho de construção do Ser-evento em que somos e produzimos: um mundo sem guerra não pode esquecer os horrores da guerra; um mundo sem desigualdades não pode esquecer as injustiças que as produziram; um mundo sem exclusões e fronteiras não pode esquecer os limites impostos ao crescimento de cada um e de todos; um mundo culturalmente múltiplo não pode esquecer os esforços das hegemonias em impor um pensamento único, uma experiência nazista recuperada pelos defensores do neoliberalismo como caminho único para a humanidade.

Polifonia, plurivocalidade, heteroglossia

Bakhtin faz uma escavação histórica para estudar o romance polifônico de Dostoiévski: recupera todo o percurso do surgimento de um gênero. Fiel a si mesmo, não se fixa na genialidade do autor que estuda: vai buscar raízes do novo no velho que aquele suplanta. O conceito serve para mostrar uma outra relação entre autor e personagem: uma relação em que a criatura destrói o projeto de acabamento que lhe impunha o criador, com ele dialoga de igual para igual e age calculando os horizontes de possibilidades no contexto do mundo fictício que lhe fornece o autor. Consciências equipolentes e autônomas. Duas vozes a conduzir o dito: a voz da personagem que faz o narrador dizer em suas palavras o que precisa ser dito, mesmo que a vontade deste seja dizer outra palavra. Uma palavra polifônica, numa palavra duas vozes.

Mas também fora dos estudos literários esse cruzamento de vozes aparece. Tanto assim que as palavras próprias com que falamos somente são próprias porque foram esquecidas as origens. Não há próprio em linguagem. Em cada palavra há vozes, há uma plurivocalidade, as palavras estão sobrecarregadas de entonações emotivo-volitivas, e ainda que sobrecarregadas estão sempre abertas a novas entonações.

Deixemos Bakhtin (1988, p. 142) falar sobre os processos de ensino da palavra do outro:

> O ensino das disciplinas verbais conhece duas modalidades básicas escolares da transmissão que assimila o de outrem (do texto, das regras, dos exemplos): "de cor" e "com suas próprias palavras". Esta última modalidade coloca em pequena escala um problema puramente estilístico para a prosa literária: relatar um texto com nossas próprias palavras é, até um certo ponto, fazer um relato bivocal das palavras de outrem; pois as "nossas palavras" não devem dissolver completamente a originalidade das palavras alheias, o relato com nossas próprias palavras deve trazer um caráter misto, reproduzir nos lugares necessários o estilo e as expressões do texto transmitido. Esta segunda modalidade de transmissão escolar da palavra de outrem "com nossas próprias palavras" inclui toda uma série de variantes da transmissão que assimila a palavra de outrem em relação ao caráter do texto assimilado e dos objetivos pedagógicos de sua compreensão e apreciação.

A força do uso das palavras, sua alma sobrecarregada é tão forte que para o poeta é preciso limpar as palavras:

Limpa-palavras[2]

Álvaro de Magalhães

Limpo palavras.
Recolho-as à noite, por todo o lado:
a palavra bosque, a palavra casa, a palavra flor.
Trato delas durante o dia
enquanto sonho acordado.
A palavra solidão faz-me companhia.
Quase todas as palavras
precisam de ser limpas e acariciadas:
a palavra céu, a palavra nuvem, a palavra mar.
Algumas têm mesmo de ser lavadas,
é preciso raspar-lhes a sujidade dos dias
e do mau uso
Muitas chegam doentes,
outras simplesmente gastas, estafadas,
dobradas pelo peso das coisas
que trazem às costas.
[...]

Impossível desvestir as palavras: o poeta luta porque sabe que limpá-las é trazê-las em sua materialidade, com os murmúrios da história de seus usos: é seu peso que lhe permite voar e fazer novos sentidos aparecerem.

O valor do plurilinguismo, da heteroglossia, está precisamente no fato de que

> [...] todas as linguagens do plurilinguismo, qualquer que seja o princípio básico de seu isolamento, são pontos de vista específicos sobre o mundo, formas da sua interpretação verbal, perspectivas específicas objetais, semânticas e axiológicas.

---

[2] Excerto extraído do trabalho de Cláudia Roberta Ferreira apresentado para exame de qualificação para obtenção do título de doutora em educação, na Faculdade de Educação da Unicamp, 2011.

Como tais, todas elas podem ser confrontadas, podem servir de complemento mútuo entre si, oporem-se umas às outras e se corresponder dialogicamente (BAKHTIN, 1988, p. 98-99).

Trazer esses conceitos para a compreensão da relação pedagógica permite enriquecer cada ato realizado: na sala de aula circulam muitas vozes, algumas espacialmente e temporalmente muito distantes, e que são trazidas plurivocalmente por alunos e professores. Pensar a diferença como valor, como enriquecimento e não como algo a ser suplantado, a ser abandonado, a ser ceifado. Pensar a sobrecarga dos significados como obstáculo e ao mesmo tempo como possibilidade de dizer o novo, limpando as palavras para revesti-las sabendo que por debaixo, ao revés, os sentidos de antes ali estão, mas agora vistos ou transvistos de outro ângulo, com a mesma palavra que já não é mais mesma.

Por fim, para uma educação bakhtinianamente inspirada

Esta há de ser dialógica, sem submissão do outro à autoridade mesmo que científica. Uma educação numa perspectiva bakhtiniana há de ser **uma atividade essencialmente estética**, realizada eticamente, operando com a cognição como instrumento. Isso significa alterar por completo a perspectiva atual do ensino a partir do qual se tem definido a atividade escolar: uma relação com o conhecimento, somente mediada por um agente ético, com total esquecimento estético porque desconsidera precisamente os acabamentos provisórios que definem o futuro desejado. Sem futuro, somente se faz educação para o presente, para o mercado, para o consumo, para o emprego. Nesta, jamais o Ser-evento em que todos somos e produzimos se fará humano.

Para uma educação que tal, precisaremos assumir com Bakhtin sua análise da filosofia de Lev Shestov (pseudônimo de Lev Isaakovitch Schwartzmann), particularmente do livro *A apoteose do infundado*: "a conclusão filosófica do raciocínio mostrado neste livro está em toda a teoria shestoviana: a filosofia não dá verdades universalmente distribuídas entre as pessoas e constrangedoras; a única obrigação da pessoa é viver livre do dogmatismo e da estagnação" (BAKHTIN, M. *O pensador infecundo*. *In*: BOUKHARAEVA, 1997, p. 72-73).

Referências

BAKHTIN, M. *Questões de literatura e estética (A teoria do romance)*. São Paulo: Fundação de Desenvolvimento da UNESP/Hucitec, 1988.

BAKHTIN, M. *Estética da criação verbal*. São Paulo: Martins Fontes, 1992.

BAKHTIN, M. Da vida das idéias: a contemporaneidade e o fanatismo. *In*: BOUKHARAEVA, Louiza M. *Começando o diálogo com Mikhail Mikhailovitch Bakhtin*. Ijuí: Ed. Unijuí, 1997.

BAKHTIN, M. *Para uma filosofia do ato responsável*. São Carlos: Pedro & João Editores, 2010.

BOUKHARAEVA, Louiza M. *Começando o diálogo com Mikhail Mikhailovithc Bakhtin*. Ijuí: Ed. Unijuí, 1997.

CLARK, Stuart. *Pensando com demônios. A idéia de bruxaria no princípio da Europa moderna*. São Paulo: EDUSP, 2006.

FREITAS, M. T.; JOBIM e SOUZA, S.; KRAMER, S. *Ciências Humanas e Pesquisa: Leituras de Mikhail Bakhtin*. São Paulo: Cortez, 2003.

GINZBURG, C. *Mitos, emblemas, sinais. Morfologia e história*. São Paulo: Cia. das Letras, 1989.

A educação como resposta responsável: apontamentos sobre o outro como prioridade

Sonia Kramer

A educação como resposta responsável é objeto da reflexão que apresento aqui, em três momentos. No primeiro, com base na arquitetura de Bakhtin, a educação é apresentada como experiência humana nas suas dimensões epistemológica, ética e estética. No segundo momento, tento aprofundar meu entendimento do que significa educação como resposta responsável, tomando o outro como absoluta e incondicional prioridade. Ao final, aponto algumas contradições e ambiguidades que temos enfrentado no contexto da educação que praticamos, focalizando a nossa inserção nos programas de pós-graduação.

Nos três momentos, as contribuições de Bakhtin se defrontam com os desafios que nos impõem as condições em que a educação é praticada. Vale também esclarecer que ainda que as ideias do autor sejam o mote, a responsabilidade pelas reflexões – e imprecisões ou alargamentos conceituais contidas nesses apontamentos – é toda minha.

Sobre a educação

Tratar de educação a partir do referencial de Mikhail Bakhtin implica pensá-la como experiência humana na articulação entre conhecimento, vida e arte (AMORIM, 2003). Um caminho possível para esta análise é pensar sobre a educação que temos e a que queremos e, mais especificamente, a escola que temos e a que queremos. Tomemos um a um os eixos dessa espiral.

Conhecimento

Para Bakhtin, a produção de conhecimento se dá sempre num campo tenso e múltiplo. A diversidade é elemento constituinte do pensamento, e não secundário (AMORIM, 2003, p. 12).

Mas que concepção de conhecimento orienta o trabalho da escola? Um dos mais frequentes enunciados em textos falados e escritos, nos diversos gêneros discursivos que circulam no âmbito das instituições educacionais, é o que destaca que o conhecimento é direito de todos. Em meio ao consenso que historicamente se construiu na área de educação sobre esse aspecto e aos recentes debates que afetam o campo do currículo, tenho trabalhado com a ideia de que educação de qualidade implica considerar a especificidade de crianças, jovens ou adultos e a pluralidade cultural presente nas relações sociais cotidianas, e implica, simultaneamente, garantir o conhecimento universal.

O papel da escola é atuar nesta ambivalência: levar em conta as diferenças combatendo a desigualdade e assegurar a apropriação do conhecimento, pois o que singulariza o ser humano e social é sua pluralidade, e o que favorece superar a particularidade é o conhecimento universal, sobretudo a compreensão da história. E por que todos têm direito ao conhecimento? Porque todos participaram direta ou indiretamente da produção desse conhecimento. Como escreveu Brecht no poema "Perguntas de um trabalhador que lê" (*apud* KONDER, 1996, p. 95).

Quem construiu Tebas, a cidade das sete portas?

Nos livros estão nomes de reis.

Os reis carregaram pedras?

Assim, é porque todas as classes sociais participaram ao longo da história do processo de produção dos conhecimentos, que todas as classes têm o direito social e político de tomar posse, se (re)apropriando dos conhecimentos. Essa concepção impacta o trabalho pedagógico na educação infantil, no ensino fundamental, no ensino médio e no ensino superior, e nos convoca a lidar com o problema do conteúdo, da forma e do material no próprio ato de ensinar.

Ora, no âmbito das contribuições de Bakhtin, nenhuma análise sobre o conhecimento se sustenta fora da esfera do agir ético e da arte. No que se refere ao agir ético, o maior desafio de uma educação que se concebe como resposta responsável é garantir o conhecimento do mundo **e** o reconhecimento do outro. Quanto à estética, ainda que para conhecer seja necessário despender um grande esforço, o fato de ser possível ao ser humano conhecer, aprender, se transformar gera, produz, dá um agradável sentimento de triunfo, como a esse processo se refere Walter Benjamin (1987). É belo poder conhecer, se deixar alterar, se surpreender. Em todos os casos – na esfera cognoscitiva, ética e estética – se coloca o papel que desempenha o outro na produção do meu conhecimento. Para Bakhtin (1997), a teoria e a estética se tornam éticas apenas quando viram ato. É o que tento analisar a seguir.

Agir ético

A leitura de diversos textos de Bakhtin e o estudo de sua concepção sobre o agir ético ensinam que o ato ético se materializa como acontecimento singular e irrepetível, ou seja, em um contexto histórico concreto. Comenta Bakhtin (1997, p. 9): "qualquer pensamento meu, com seu conteúdo, é meu ato ético individual e responsável, é um dos atos éticos dos quais se compõe minha vida única, concebida com um atuar ético permanente". E isso porque, para o autor, a vida, em sua totalidade, pode ser examinada como ato ético complexo, a que ele chama de ato responsável. Assim, o ato ético é o que articula o ser possível e o ser real.

Esse modo de entender a dimensão ética evoca – como escrevi em outro texto (KRAMER, 1993) – o conceito de ético-político proposto por Gramsci (1978), para quem não há melhoramento ético puramente individual, pois a ética sempre é atividade para o exterior, transformadora das relações externas. Mais do que pretender uma superposição entre os dois autores, sugiro uma afinidade eletiva, uma aproximação voltada à ideia de que a ação de uma pessoa necessariamente se situa no contexto do compromisso, do vínculo com o outro, da responsabilidade dessa pessoa com os outros. Essa proposição traz a todos nós pelo menos três tipos de desafios.

Primeiro: trata-se de compreender que, ao contrário de uma formação pragmática em que todo conhecimento deve ter utilidade ou (dito de modo mais simples) deve servir, a escola se volta radicalmente para uma formação ética e política em que o conhecimento pode não servir, mas deve atuar na direção da liberdade e da emancipação.

Segundo: trata-se de assumir a responsabilidade que temos e as respostas que devemos dar aos outros, com nossas ações e com o nosso conhecimento. O conceito de diálogo contribui para a reflexão sobre esse ponto. O desafio de reconhecer o outro implica atuar na educação de tal modo que seja possível não só que eu exerça o papel da primeira pessoa (aquela que fala) e dá valor ao tu (aquele com quem eu falo), mas também que assegure a voz do outro (esse terceiro de quem eu/nós sempre falo ou falamos), sobretudo de modo a transformar esse outro (ele, ela, a terceira pessoa) em um tu e em um eu. Se, para Bakhtin, "a compreensão é uma forma de diálogo" e "compreender é opor à palavra do locutor uma contrapalavra" (1992, p. 132), posso aproximar o autor de Martin Buber e dizer que exercer a educação como resposta responsável requer que no diálogo, ele (o outro) se torne uma primeira pessoa, que também fala e, ao fazê-lo, me torna um tu (BUBER, 2002).

Terceiro: o agir ético como responsabilidade significa a presença ativa, a não indiferença, o inverso da omissão e do esquecimento. Ora, pretender ocupar tal posição nos situa no tenso lugar contra o individualismo e o pragmatismo da sociedade contemporânea. O agir ético supõe afirmar deixar as marcas da nossa atuação de modo que os rastros da história não sejam apagados. Ou, como ironicamente escreveu Brecht (1976, v. 1, p. 267-268), falando da angústia de viver em meio aos totalitarismos do século XX:

Afasta-te dos teus companheiros da estação.
Vai de manhã cedo à cidade com o paletó abotoado.
Refugia-te num esconderijo
e quando teu companheiro bater,
não abra a porta, não abra,
e sobretudo
apaga os teus rastros!

Quando em Hamburgo ou em qualquer outro lugar
encontrares teus pais, passa por eles sem cumprimentar
e some na esquina;
cobre a cara com o chapéu, não deixa
que vejam teu rosto, não deixa
e sobretudo
apaga os teus rastros!

Come a carne disponível, não economiza!
Quando chover, entra em todas as casas
e senta-te em todas as cadeiras;
mas não fiques sentado
e não esqueças o teu chapéu!

Segue o meu conselho:
apaga os teus rastros!
O que dizes sempre não o repitas
e, quando o teu pensamento for adotado por alguém,
renega-o.

Quem nunca assinou nada,
quem não se deixou fotografar,
quem nunca esteve lá e jamais disse alguma coisa
não tem rabo preso.
Apaga os teus rastros!

Quando pensares em morrer, providencia
para que não te ergam uma pedra tumular
e que nenhuma inscrição indique onde estás
ou quando morreste.
Repito, mais uma vez:
apaga os teus rastros!
(Foi isso que me ensinaram)

O poema de Brecht ajuda a compreender o apagamento dos rastros que se manifesta no vazio de autoridade nas relações entre adultos e jovens e entre adultos e crianças. Desocupado o lugar de autoridade do adulto que cada vez mais tem empobrecida a sua experiência, vemos a indiferença substituir a diferença (nesse caso de idade). Negligência é o que parece resultar dessa atitude, abandono, agressão, violência explícita ou simbólica. Se as pesquisas apontam que a maior incidência de violência contra a criança é a doméstica, estratégias de perdão, reconciliação e reparação (difíceis porque se situam no limiar do nosso entendimento) são comumente interpeladas pela pergunta: como atuar na escola?

Assumir a educação como resposta responsável exige atuar contra todo tipo de preconceito, discriminação, estereótipo, negação, exclusão ou eliminação de alguém (criança, jovem ou adulto), pelas ideias que expõe, por sua deficiência, etnia, religião, nacionalidade, opção política, idade, gênero ou orientação sexual. Uma educação contra a barbárie, nas palavras de Adorno (1995), que pratica a solidariedade em tempos de violência, como a essa proposta me referi em outro texto (BAZÍLIO; KRAMER, 2003) e escuta crianças, jovens e adultos (pais, funcionários ou professores), não faz vista grossa quando chegam à escola com machucados ou manchas roxas ou marcas de pontas de cigarro pelo corpo. Uma educação que não só condena, mas age contra qualquer tipo de humilhação, castigo, ofensa, maus-tratos, abuso, acionando mecanismos existentes, criando vínculos, tendo iniciativas que apostam e constroem outros modos de compreender, ver, fazer.

Deixar rastros, estar lá, manifestar-se, opor-se ou concordar, tecer relações de amizade, com emulação mais que competição, com cooperação ou colaboração, e não só independência e autonomia. Nesse sentido, a ação de educar toma seu papel de ensinar e cuidar, expressões da educação infantil que são essenciais nas mais diversas instâncias e contextos institucionais da escola e em diferentes níveis de escolaridade.

Arte

Para Bakhtin, a arte é social, afetada pelo meio extra-artístico. O filósofo chega a essa posição a partir da crítica dos dois pontos de vista que lhe são contemporâneos: o método formal que fetichiza o trabalho artístico enquanto artefato ou material e a abordagem que reduz a arte à subjetividade do criador ou do contemplador (BAKHTIN, 1976).

Os enunciados concretos se conectam com o contexto extraverbal; separados desse contexto, perdem sua significação. Um enunciado da vida não importa só por sua composição verbal. A vida o penetra e influencia de dentro, e a energia de uma situação da vida é bombeada para o discurso pela entoação. A entoação, para Bakhtin, é sensível às vibrações da atmosfera social, e é através dela que os interlocutores entram em contato "como se ela se endereçasse, por trás dos objetos e fenômenos inanimados, a participantes animados e agentes na vida" (BAKHTIN, 1976, p. 14). Na entoação, como nos gestos, estão presentes forças que geram a criatividade e organizam a forma artística.

Além disso, quem cria vai à procura da criação na vida comum e a manifesta nas ínfimas expressões. Como em Vygotsky (2009), a arte reside onde reside o apenas, quer dizer, nas mínimas expressões estão as bases da criação artística. Para compreender o que é dito, lido, contemplado, escutado é preciso compreender não ditos, a entoação, os afetos, os presumidos, as nuances, as semelhanças, diria Benjamin (1987). A criação artística está intimamente ligada, pois, à vida e às experiências partilhadas por autor, contemplador e conteúdo da obra. A forma resulta de seu horizonte comum, e pela maneira com que ditos e presumidos são tratados, mais do que por artefatos técnicos, materiais específicos ou idiossincrasias individuais.

Arte e vida são polos indissociáveis da existência humana e por isso, diz Bakhtin, "um poeta deve recordar-se de que sua poesia é culpada pela trivialidade da vida e o homem na vida deve saber que sua falta de exigência e de seriedade em seus problemas existenciais são culpadas pela esterilidade da arte" (1982, p. 11.). E, em todos os tipos de produção artística, após o momento de empatia segue a objetivação, o que pressupõe o outro sujeito que se encontra na posição externa, exotópica (BAKHTIN, 1997, p. 23).

Tais conceitos trazem desafios para a educação e as práticas escolares. De um lado, impactam a concepção de infância, conhecimento, currículo, autoridade, autoria. A escola tem seu compromisso, para além da formação científica, com a formação cultural e com a arte que precisa entrar e permanecer na escola sem utilidade: a arte não serve para nada porque não é servil. A brincadeira é experiência de cultura e deve ser assim vivida, não como consumo. A leitura e a escrita precisam estar presentes na sua dimensão estética, como literatura literária em diversos gêneros e suportes. Também a pintura, o cinema, a fotografia, o teatro, os museus favorecem lidar com o conhecimento, os valores e os afetos no sentido de que crianças aprendam e brinquem, e os jovens aprendam e reinventem o mundo.

De outro lado, tais conceitos possibilitam lidar com a contradição que constitui a experiência humana. Na esfera do conhecimento, da vida ou da arte, somos contraditórios. Como escreve também Brecht, temos *Duas almas* (*apud* KONDER, 1996, p. 42):

> Duas almas moram
> no teu peito humano,
> nas entranhas tuas.

Evita o insano
esforço da escolha:
precisas das duas.
Pra ser um, amigo,
deves ter contigo
conflito incessante:
um lado elevado
bonito, elegante;
o outro enfezado
e sujo, aos molambos.
Precisas de ambos!

É pela fresta da contradição que percebo a presença em mim do outro, em quem não me reconheço. É pela fresta que se torna possível agir com o outro, que nunca é totalmente bom ou mau. Ora, um dos conceitos fundamentais em Bakhtin é a ambivalência. Em oposição à unidade dos contrários, a ambivalência carnavalesca reúne o que seria aparentemente incompatível: riso e choro, sério e grotesco, profano e sagrado, vida e morte, o homem e a besta. Essa ambivalência cultural se originaria para Bakhtin no fim da Idade Média e início do Renascimento, no carnaval enquanto acontecimento ao mesmo tempo popular e crítico. Se a cultura oficial só reconhecia a diferença absoluta e o monólogo, o carnaval põe em cena a coexistência dos opostos. A polifonia, onde todo discurso aparece como relativo, substitui o discurso monológico dos dominantes (BAKHTIN, 1999). No lugar da dialética hegeliana (superação de tese e antítese), a ambivalência se mantem: trata-se de uma dialética dialógica em que a atitude com o outro diferente, inverso, é de aceitação e reconhecimento. As contradições permanecem vivas e tensas; em vez de evolução, temos a explosão, um piscar de olhos em que tudo permanece e ao mesmo tempo muda.

A ambivalência tem, pois, um sentido crítico. Opondo-se à ideia de optar entre isto ou aquilo, em Bakhtin (1999) o discurso crítico é ambivalente, comporta simultaneamente isto e aquilo, residindo também aqui seu elemento libertador. Essa maneira humana de entender a mudança pressupõe que o velho e o novo convivem sem que a teoria ou a concepção hegemônica de um momento sufoque a prática. A mudança se dá pela coexistência de posições que se encontram, chocam, dialogam,, e não por uma evolução linear e autoritária em que, por decreto, o velho seria dispensado, e o novo adotado. Guardando afinidade com esse modo de entender a dialética, a educação como resposta responsável está comprometida com um determinado projeto de sociedade, situa-se na história, movimenta-se entre tradição e modernidade. Refletindo sobre essa concepção de história e sobre a germinação do novo, escreveu Brecht (*apud* KONDER, 1996, p. 70):

> As novas épocas não começaram de repente.
> Meu avô já vivia num tempo novo,
> meu neto com certeza ainda vai viver no antigo.
> A carne nova é comida com os velhos garfos.

Confesso que não raramente me pego pensando neste poema – eu que não como carne e detesto talheres descartáveis – também porque sua beleza se combina a um extremo bom senso, este bem tão escasso no mercado das ideias.

Resposta responsável: o outro como prioridade

A ênfase de Mikhail Bakhtin no outro, como prioridade, bem como a resposta responsável que devo ao outro percorre textos, livros e apontamentos do autor. Leio alguns trechos do autor transcritos nos parágrafos que dão continuidade a este.

> Tudo o que dá valor ao dado do mundo, tudo o que atribui um valor autônomo à presença no mundo, está vinculado ao outro: é a respeito do outro que se inventam histórias, é pelo outro que se derramam lágrimas, é ao outro que se

erigem monumentos; apenas os outros povoam os cemitérios; a memória só conhece, só preserva e reconstitui o outro (BAKHTIN, 1992, p. 126).

Tudo o que me diz respeito, a começar por meu nome, e que penetra em minha consciência, vem-me do mundo exterior, da boca dos outros (da mãe, etc.), e me é dado com a entonação, com o tom emotivo dos valores deles. Tomo consciência de mim, originalmente, através dos outros: deles recebo a palavra, a forma e o tom que servirão a formação original da representação que terei de mim mesmo (BAKHTIN, 1992, p. 278).

Até o momento em que foi apropriado, o discurso não se encontra em uma língua neutra e impessoal (pois não é do dicionário que ela é tomada pelo falante!), ela está nos lábios de outrem, nos contextos de outrem e a serviço das intenções de outrem: e é lá que é preciso que ele seja isolado e feito próprio (BAKHTIN, 1988b, p. 21).

Quando contemplo um homem situado fora de mim e à minha frente, nossos horizontes concretos, tais como são efetivamente vividos por nós dois, não coincidem. Por mais perto de mim que possa estar esse outro, sempre serei e saberei algo que ele próprio, na posição que ocupa, e que o situa fora de mim e à minha frente, não pode ver. [...] Quando estamos nos olhando, dois mundos diferentes se refletem na pupila dos nossos olhos. Graças a posições apropriadas, é possível reduzir ao mínimo essa diferença dos horizontes, mas para eliminá-la totalmente, seria preciso fundir-se em um, tornar-se um único homem (BAKHTIN, 1992, p. 43).

Levar em conta esses conceitos permite problematizar observações feitas em creches, pré-escolas e escolas: crianças sentadas no chão, de castigo, por não "saberem brincar"; uma água usada para dois banhos; professoras chamadas de "tias"; pais chamados de "mãe" e "pai" pelos profissionais da escola; crianças chamadas de "ei", "psiu", "nem", "você" por suas próprias professoras; crianças separadas em um canto da sala por não acompanharem o ritmo da turma ou os conteúdos. Tais eventos revelam anonimato e apagamento das crianças e expressam modos de desconhecer o outro, difíceis de aceitar na pesquisa que fizemos em 22 instituições de educação infantil e ensino fundamental no município do Rio de Janeiro (KRAMER, 2009).

Mas registros de pesquisa e mudanças nas práticas podem superar a invisibilidade em que as crianças muitas vezes são colocadas. Nelas, as mais diversas manifestações devem ser acolhidas: riso e choro; ternura, raiva, medo ou vergonha; cuidado com o outro, carinho, respeito. Confiar, escutar, considerar legítimas as expressões, conceber crianças, jovens e adultos como sujeitos criativos não são princípios, mas atos. Cuidado, atenção, autoridade, simpatia e cumplicidade com crianças e jovens diante de maus-tratos, negligência, deboche ou humilhações são essenciais. Muitas vezes, como profissionais da educação ou pesquisadores, nos deparamos nas instituições com certo clima e modos de agir dos adultos que revelam omissão a pedidos de ajuda implícitos ou explícitos, atos de injustiça que levam sofrimento a crianças ou jovens. Há ocasiões em que cabem denúncias – de professores ou pesquisadores – e tal decisão envolve também cuidados no sentido de não expor as crianças e os jovens a riscos e de protegê-las em todas e sob quaisquer circunstâncias.

Pensar os conceitos presentes na obra de Bakhtin e os dilemas que a realidade nos coloca, traz à tona a exigência para a educação de que se constitua como exercício de direitos e deveres, em práticas responsáveis. Entender o outro como prioridade absoluta se ata ao meu dever em relação ao outro e ao dever do outro com relação a todos. Trago para nossa reflexão essa difícil e delicada questão do dever incondicional em relação ao outro, apesar das contradições que essa prática pode envolver ou evocar. Se o outro é prioridade absoluta, devo escutá-lo, olhá-lo no rosto. "Se há um crime a ser cometido, **é preciso** evitá-lo" ou "se há um crime a ser cometido **devo** evitá-lo". O discurso e o modo de formular o enunciado correspondem a uma resposta. Há que decidir.

Resposta responsável e o cotidiano: o outro como prioridade?

Analisando o ato ético, Bakhtin comenta que um acontecimento só pode ser descrito participativamente (p. 39). Nesse sentido é oportuno submeter as ideias do autor (ou a apropriação que delas fazemos) às condições concretas em que temos atuado. Refiro-me à ação como professores e pesquisadores na universidade e na pós-graduação. Este é o tema do terceiro momento, e a análise se centra em dois pontos: as relações estabelecidas com o conhecimento; as relações estabelecidas com pares, professores ou alunos.

No interior da concepção de conhecimento de Bakhtin está presente uma crítica à razão instrumental e ao utilitarismo: as ciências humanas são definidas como uma forma científica outra, numa perspectiva histórica (BAJTIN, 1997, 2003). Ao mesmo tempo, o conhecimento se vincula ao ato ou agir ético. Separar a razão da atividade histórica e da vontade seria pura ilusão do racionalismo (1997, p. 34). Aproximando-se da concepção de educação de Paulo Freire, em Bakhtin o conhecimento se relaciona à mudança. A educação como ciência humana e social, como práxis, tem uma dimensão de busca da verdade e ao mesmo tempo uma dimensão de ação. Assim, a pesquisa em educação visa não só conhecer o mundo, mas sobretudo, transformá-lo. Mudar é vencer a indiferença, estabelecer a diferença, alterar, se incomodar com a situação do outro, dos muitos outros. Nesse processo o conhecimento é marcado pela estética, contribuindo para pensar a vida de professores e estudantes, bem como o papel da universidade.

Trata-se nesse sentido de assegurar práticas orientadas por um respeito profundo pelos interlocutores que têm perspectivas teóricas ou metodológicas distintas, dificuldade da vida acadêmica atual, que não é – como deveria ser – orientada pelo antidogmatismo, pelo diálogo, pela leitura crítica, pelo espaço para a réplica. A coexistência de temas, teorias e enfoques constitui, na base, a universidade. Perdida a base, o que temos? Deixamos de ser intelectuais? Tais inquietações apontam para uma forma de reflexão e um modo de produção teórica em que a vida da universidade poderia ou deveria estar alicerçada porque favoreceriam a incerteza, a inquietude e a dúvida, mais do que a pretensão de verdade ou de unanimidade.

Não me tomem por alguém que desrespeita regras da universidade. Como a maioria, acompanho meus alunos, vibro com a conclusão de monografias, teses e dissertações, reconheço como conquista a aprovação de projetos e trabalhos em congressos ou publicações. O problema está na contabilidade que norteia critérios e procedimentos de universidades e agências de fomento que avaliam e subsidiam programas de pós-graduação, pois se arriscam a anestesiar a ciência e a pesquisa que, mais do que orientadas por número de artigos ou seminários, são constituídas de ousadia, desvio, inquietação, pelas perguntas que somos capazes de fazer, de provocar e de incitar.

Podemos cotejar tais reflexões com Benjamin (2002) que no texto *A vida dos estudantes* criticava a universidade do início do século XX por sua falta de espírito de risco e de um saber desinteressado, denunciando a burocracia que a impregnava e impedia os indivíduos de amadurecer, jogando-os verdes na vida para cumprirem uma utilidade. Hoje cobra-se dos jovens uma produção acadêmica que nem sempre contribui para repensarem o mundo. Concluído o mestrado ou doutorado, ingressam como professores na vida acadêmica sem que tivessem conhecido uma universidade que os convidasse a pensar, se indignar, a buscar alternativas teórico-metodológicas que rompem e se desviam.

Recursos materiais são requisito para o trabalho teórico, mas não bastam. As condições materiais para a produção intelectual incluem o clima de produção e de compreensão ativa e diálogo, bem como a visão de que o conhecimento revolui, e não apenas evolui (JAPIASSU, 1982), A criação científica desvia, quebra, desorganiza, desacomoda. Nas ciências humanas e sociais isso significa repensar o mundo, a formação dos jovens e o nosso próprio papel na universidade. Segundo Amorim, "É dando ao sujeito um outro sentido, uma outra configuração, que o pesquisador, assim como o artista, dá de seu lugar, isto é, dá aquilo que somente de sua posição, e portanto, com seus valores é possível enxergar" (2003, p. 14). Cabe ao pesquisador assumir a responsabilidade de sua posição singular, ou seja, assumir a exotopia constitutiva da pesquisa.

Um dos principais temas de Bakhtin, ao lado do diálogo, é a liberdade. Não sei se pode ser encontrada em uma universidade que parece desencontrada da criação. Há uma estranheza hostil, uma espécie de recusa de criar e pensar diferente. Delineia-se um contexto em que há mais entusiasmo por conquistas nos currículos do que com os desconcertos do conhecimento, simultâneo a um ressentimento pela falta de outro modelo de universidade, que nem chegamos a construir.

Muitos procuram fazer diferente, olhar de outro ângulo, desenvolver projetos de intervenção (que não contam...), criar um clima de colaboração, mas talvez estejamos falando pouco nisso e abdicando de tomar consciência das condições e contradições de onde nossos próprios discursos são produzidos, o lugar que ocupamos ao dar aula, escrever, publicar, fazer pesquisa, participar de conselhos, comitês ou reuniões, ao falar e escutar colegas e alunos. A competição selvagem que se alastrou em todas as esferas da vida acadêmica, a falta de tempo para conversar com um aluno ou ler o trabalho de um colega, o gasto de inúmeras horas preenchendo formulários, desenham um cenário em que qualquer personagem de Kafka se sentiria confortável. Se me julgam pessimista, leio mais um poema de Brecht (*apud* KONDER, 1996, p. 72/73), para aqui me expor ao contrário:

Tudo se transforma. Recomeçar
é possível até no último suspiro.
Mas o que aconteceu, aconteceu. E a água
que puseste no teu vinho não pode
mais ser retirada.
O que aconteceu, aconteceu. A água
que puseste no teu vinho não pode
mais ser retirada. Porém
tudo se transforma. E recomeçar
é possível mesmo no último suspiro.

Assim, no primeiro momento indaguei sobre educação e os desafios para exercê-la como resposta responsável no âmbito da arquitetura de Bakhtin; no segundo focalizei a absoluta e incondicional prioridade do outro e no terceiro tratei do nosso papel, lugar e agir ético hoje na universidade. Para terminar, gostaria de dizer que não aprendi os conceitos de responsabilidade e responsividade com Bakhtin. Encontrei-os em Bakhtin como aos conceitos de plurilinguismo, diálogo, refração e tantos outros. Encontrei-os também em Benjamin, Adorno, Hannah Arendt, Vygotsky, Gramsci, Buber, mas aprendi-os com meu pai que me ensinou o significado político, histórico, filosófico e ético da aproximação dos advérbios nunca **e** mais! **Nunca mais**, tempo presente e futuro intensificado, que se conecta ao passado que deve ser resgatado, para que nunca mais aconteçam ou se repitam atos de preconceito, humilhação, ofensa, iniquidade, violência, exclusão ou eliminação, por diferenças de qualquer tipo.

Comentando aquele poema "Perguntas de um trabalhador que lê" (*Quem construiu Tebas, a cidade das sete portas*), Konder (1996, p. 95) esclarece que o trabalhador com quem o poeta se identifica é aquele que se inquieta, que insiste em compreender melhor (ou seja, mais criticamente) o mundo que anseia por transformar. Parece-me apropriado dizer que suscitar perguntas é tarefa de uma educação que se vê e age como resposta responsável, que assume sua responsabilidade absoluta, incondicional, pelo outro. Esse outro que tem direito à vida plena e digna e tem o dever de garantir a vida digna e plena de todos, prerrogativas que nos tornam humanos e constituem a possibilidade da educação.

Referências

ADORNO, Theodor. *Educação e emancipação*. Rio de Janeiro: Paz e Terra, 1995.

AMORIM, M. *O pesquisador e o seu outro: Bakhtin nas ciências humanas*. São Paulo: Musa, 2001.

AMORIM, M. A contribuição de Mikhail Bakhtin: a tripla articulação ética, estética e epistemológica. *In*: FREITAS, M. T.; JOBIM E SOUZA, S.; KRAMER, S. *Ciências humanas e pesquisa: leituras de Mikhail Bakhtin*. São Paulo: Cortez, 2003.

ANDRADE, C. D. *Reunião: dez livros de poesia*. Rio de Janeiro: José Olympio, 1973.

ANDRADE, C. D. *Boitempo*. Rio de Janeiro: Sabiá, 1973.

BAJTIN, M. *Hacia una filosofia del acto ético. De los borradores y otros escritos*. Barecelona: Anthropos, Universidad de Puerto Rico, 1997.

BAKHTIN, M. *Estética da criação verbal*. São Paulo: Martins Fontes, 1992, 2003.

BAKHTIN, M. (VOLOCHÍNOV, V. N.) *Marxismo e filosofia da linguagem*. São Paulo, Hucitec, 1988a.

BAKHTIN, M. *Questões de literatura e de estética*. São Paulo: Hucitec, 1988b.

BAKHTIN, M. *A cultura popular na Idade Média e no Renascimento: o contexto de François Rabelais*. São Paulo: Hucitec, 1999.

BAKHTIN, M. (VOLOSHINOV, V. N.) Discourse in Life and Discourse in Art: Concerning Sociological Poetics. *In*: *Freudianism: a Marxist Critique*. New York: Academic Press, 1976.

BAZÍLIO. L. C.; KRAMER. S. *Infância, educação e direitos humanos*. São Paulo: Cortez, 2003.

BENJAMIN, W. *Obras escolhidas I: magia e técnica, arte e política*. São Paulo: Brasiliense, 1987.

BENJAMIN, W. *Reflexões: a criança, o brinquedo e a educação.* Rio de Janeiro: Duas Cidades, 2002.

BRECHT, B. *Gesammelte gedochte.* Tradução livre feita por Leandro Konder. Frankfut-am-Main: Suhrkamp, 1976. 4 v.

BUBER, M. *Yo y tu.* Argentina: Nueva Vision, 2002.

FREITAS, M. T.; JOBIM E SOUZA, S.; KRAMER, S. *Ciências humanas e pesquisa: leituras de Mikhail Bakhtin.* São Paulo: Cortez, 2003.

GRAMSCI, A. *Concepção dialética da história.* Rio de Janeiro: Civilização Brasileira, 1978.

JAPIASSU, H. *Nascimento e morte das ciências humanas.* Rio de Janeiro: Francisco Alves, 1982.

KONDER, L. *A poesia de Brecht e a história.* Rio de Janeiro: Zahar, 1996.

KRAMER, S. *Por entre as pedras, arma e sonho na escola.* São Paulo: Ática, 1993.

KRAMER, S. *Retratos de um desafio: crianças e adultos na educação Infantil.* São Paulo: Ática, 2009.

VIGOTSKI, L. S. *Imaginação e criação na infância.* São Paulo: Ática, 2009.

VIGOTSKI, L. S. *A psicologia da arte.* São Paulo: Martins Fontes, 1998.

Bakhtin e Pasolini: vida, paixão e arte[1]

Solange Jobim e Souza
Elaine Deccache Porto e Albuquerque

Há coisas que se vivem, somente, ou então,
se insistimos em dizê-las, melhor seria fazê-lo em poesia.
Pier Paolo Pasolini

O desafio que me coloco com esta apresentação é transformar este texto em um diálogo imaginado entre dois grandes autores – Bakhtin e Pasolini.[2] Isso porque ao percorrer a obra de um e de outro venho percebendo intensas afinidades não só na construção de um pensamento crítico radical, mas principalmente na presença de um pensamento encarnado em uma experiência de vida. Porém, para ousar mostrar o que pretendo, é necessário situar as ideias de um e de outro, aproximando-as, sublinhando o compromisso de ambos com a dimensão do sagrado – **o mundo da vida.** Devo iniciar esta caminhada a partir das ideias de Bakhtin, para em seguida mostrar como as provocações de Pasolini, definindo o cinema como língua escrita da realidade, me permitem enfrentar indagações que deveriam estar no centro

---

[1] Conferência apresentada no I EEBA - I Encontro de Estudos Bakhtinianos, de 4 a 6 de novembro de 2011, na Universidade Federal de Juiz de Fora, por Solange Jobim e Souza, seguida dos comentários de Elaine Deccache Porto e Albuquerque <http://www.ufjf.br/eeba>.

[2] Pier Paolo Pasolini nasceu em Bolonha, na Itália, em 5 de março de 1922. Graduou-se em literatura e foi professor, escritor, poeta e cineasta. Foi assassinado em 2 de novembro em 1975, em Ostia. Sua vida foi marcada por grandes polêmicas, e seu assassinato nunca foi totalmente esclarecido, ainda que tenha sido associado a crime político, por alguns, ou a mero latrocinio, pela versão oficial.

do interesse das ciências humanas. Refiro-me à recriação do mundo da vida no mundo da cultura a partir da atividade estética, analisando os desafios enfrentados, por Bakhtin e Pasolini, para explicitar o alcance de tal tarefa.

Bakhtin e a filosofia do ato

Em *Para uma filosofia do ato*, texto escrito no início da década de 1920, Bakhtin apresenta uma reflexão original e instigante sobre os fundamentos que orientam a tradução do **mundo da vida** para o **mundo da cultura**. Inicialmente seus argumentos se desenvolvem na direção da afirmação de que esses dois mundos se confrontam e são absolutamente incomunicáveis e mutuamente impenetráveis: o **mundo da vida** é o único mundo em que cada um de nós cria, conhece, contempla, vive e morre; o **mundo da cultura**, por sua vez, é o momento no qual a vida, como acontecimento único, ganha concretude, ou seja, torna-se objeto do discurso da ciência ou da atividade estética. Para o autor, em princípio, ainda que a ciência, com suas pretensões universalistas, e a arte, com a intenção de criar o objeto estético, reivindiquem alcançar um determinado domínio de sentido, tanto a teoria como o objeto estético, não são por si só, suficientes para dar conta do evento singular, contingente e aberto que é, necessariamente, o **mundo da vida**. O autor, então, conclui, em um primeiro momento, que qualquer tentativa de superar o dualismo entre o pensamento e a experiência vivida, seja no interior do conhecimento teórico quer seja no interior da atividade estética, é absolutamente sem esperança.

Contudo, continuando seus argumentos, Bakhtin irá admitir uma saída para a superação do dualismo – **mundo da cultura X mundo da vida** –, dizendo que somente o evento singular no seu efetuar-se, ou seja, a **ação** propriamente vivida por alguém, pode constituir essa unidade única. O **ato** deve encontrar um único plano unitário para se refletir em ambas as direções, no seu sentido (conteúdo teórico ou objeto estético) e no seu existir. O autor, então, indaga:

O que garante o nexo interno entre os elementos do indivíduo? Só a unidade da responsabilidade. Pelo que vivenciei e compreendi na arte, devo responder com a minha vida para que todo o vivenciado e compreendido nela não permaneçam inativos. No entanto, a culpa também está vinculada à responsabilidade. A vida e a arte não devem só arcar com a responsabilidade mútua, mas também com a culpa mútua. O poeta deve compreender que a sua poesia tem culpa pela prosa trivial da vida, e é bom que o homem da vida saiba que a sua falta de exigência e a falta de seriedade das suas questões vitais respondem pela esterilidade da arte (BAKHTIN, 2003, p. XXXIII-XXXIV).

Em síntese, o que Bakhtin exige tanto do homem da vida quanto do artista, é a necessária **responsabilidade ética**, que tanto um como outro deve assumir frente ao processo de criação do **mundo da cultura**, afirmando que é no ato responsável que a superação da perniciosa separação e a mútua impenetrabilidade entre cultura e vida se resolvem.

Vale dizer que Bakhtin *anunciou* esta questão pela primeira vez em um pequeno e denso texto, uma espécie de manifesto, intitulado *Arte e responsabilidade*, de 1919. Nesse escrito, Bakhtin afirma alguns aspectos importantes relativos ao compromisso mútuo e recíproco da arte com a vida, como fica evidente na citação acima. Continuando, nesse mesmo texto, o autor denuncia que o conhecimento produzido, na ciência ou na arte, ao se apresentar comprometido com a instrumentalização da vida, torna-se um conhecimento puramente mecânico e não pode, portanto, estar verdadeiramente integrado à unidade da experiência do indivíduo, assim como não penetra a unidade interna do sentido. A ação mecânica do homem na vida se torna desprovida de sentido para aquele que a realiza.

Os três campos da cultura humana – a ciência, a arte e a vida – só adquirem unidade no indivíduo que os incorpora à sua própria unidade. Mas essa relação pode se tornar mecânica, externa. Lamentavelmente, é o que acontece com maior frequência (BAKHTIN, 2003, p. XXXIII-XXXIV).

Com essas palavras Bakhtin apresenta a sua crítica ao conhecimento instrumental, produzido segundo interesses privados ou políticos de grupos específicos, e afirma, ao mesmo tempo, a importância do compromisso ético e da responsabilidade de cada um com a vida. Desse modo, nos convida a refletir sobre os acontecimentos em que somos habitados pelas vozes de muitos outros e sobre a responsabilidade dos homens das artes ou das ciências em expressar e traduzir, a partir de determinada linguagem (científica ou artística), os sentidos da experiência vivida. É aí que ele convoca o *Ser* a viver sua existência sem escapar da responsabilidade que lhe cabe na *unicidade* de sua vida, pois **tudo o que pode ser feito por mim não poderá nunca ser feito por ninguém mais**. A singularidade de cada um é dada, mas ao mesmo tempo ela existe apenas na medida em que é realmente atualizada como singularidade na **ação**, no **ato** que me é dado para realizar na vida. Cada pessoa é insubstituível, e é por isso que a singularidade peculiar é, ao mesmo tempo, **ser e dever**. O **ato responsável** é precisamente o ato baseado no reconhecimento dessa obrigatória singularidade. É essa afirmação do meu **não álibi** no existir que constitui a base da existência. É apenas o **não álibi** no existir que transforma a possibilidade vazia em ato responsável real. E Bakhtin conclui: "Arte e vida não são a mesma coisa, mas devem tornar-se algo singular em mim, na unidade da minha responsabilidade" (BAKHTIN, 2003, p. XXXIII-XXXIV).

Ainda que Bakhtin, ao se referir ao mundo da cultura, englobasse tanto a atividade da ciência quanto a atividade da arte, podemos afirmar que ele escolheu se debruçar mais detalhadamente na análise da criação estética – **o mundo da arte** – que, segundo ele, com sua concretude e impregnação de **tons emotivo-volitivos**, é de todos os mundos culturais abstratos o mais próximo ao mundo unitário e único do ato. Ao priorizar descrever densamente a **criação estética**, Bakhtin pretendeu chegar perto da compreensão da construção arquitetônica do **mundo da vida pelo artista**, enfrentando a tarefa de analisar os movimentos engendrados pelo **autor-criador** na criação do objeto estético.

Para continuarmos a desenvolver os argumentos de Bakhtin sobre a **atividade estética**, faz-se necessário explicitar a distinção entre o **autor-pessoa** e o **autor-criador** como duas vivências distintas. **Autor-pessoa** é a pessoa física, que pode ser um escritor, um artista plástico, um cineasta, etc., ou simplesmente um indivíduo que vive a sua singularidade no mundo da vida como uma pessoa entre as outras. **Autor-criador** é aquele que por vontade e desejo busca dar forma e concretude ao mundo da vida na criação de um **objeto estético**. Ele é o responsável, por assim dizer, pela função estético-formal engendradora da obra; em suma, é quem sustenta a unidade arquitetônica e composicional do todo esteticamente consumado. Importante entender que o **autor-criador** ocupa uma posição estético-formal a partir da qual irá materializar uma determinada relação axiológica com o mundo da vida, sendo esta relação apenas uma entre as muitas avaliações sociais que circulam em uma determinada época e cultura. Desse modo, é por meio do **autor-criador** que Bakhtin afirma que **o social, o histórico e o cultural se tornam elementos intrínsecos do objeto estético** (FARACO, 2010). Portanto, é o posicionamento valorativo do **autor-criador** na vida que constitui o princípio regente para a construção do todo estético, ou seja, os valores axiológicos do **autor-criador** darão forma ao conteúdo do objeto estético. Isso porque, segundo Bakhtin, cada um de nós ocupa um lugar espaço-temporal determinado, e desse lugar único revelamos o nosso modo de ver o outro e o mundo físico que nos envolve. Nessa perspectiva de análise, a ênfase está no lugar ocupado pelo olhar e pela palavra na constituição do sentido que conferimos à nossa experiência de estar no mundo, sentido esse atravessado por valores que fazem parte da cultura de uma época.

Na vida, o autor como pessoa, do seu ângulo de visão, pode mediar com o seu olhar e com a sua fala aquilo que em mim não pode ser visto por mim. A construção da consciência de si e do outro no mundo da vida é fruto do modo como compartilhamos nosso olhar com o olhar do outro, criando, dessa forma, uma linguagem que permite decifrar mutuamente a consciência de si e do outro no contexto das relações sociais, históricas e culturais. Nessa perspectiva, o outro ocupa o lugar da revelação daquilo que desconheço em mim, e esse fato, concreto e objetivo, nos enlaça em um **mútuo compromisso ético**. Na vida devo me sentir responsável pela criação do meu semelhante, assim como dependo dele para dar forma e sentido à minha existência interna. Podemos destacar três momentos da tomada de consciência do sujeito, que se revelam no encontro na vida: *o outro para mim; eu para o outro; eu para mim mesmo*. Em síntese, o **excedente de visão** do outro em relação a mim e de mim em relação ao outro cria uma cumplicidade responsável entre nós, uma vez que nem a minha existência nem a existência do outro são soberanas, mas interdependentes.

> Esse excedente da minha visão, do meu conhecimento, da minha posse – excedente sempre presente em face de qualquer outro indivíduo – é condicionado pela singularidade e pela insubstitutibilidade do meu lugar no mundo: porque nesse momento e nesse lugar, em que sou o único a estar situado em dado conjunto de circunstâncias, todos os outros estão fora de mim (BAKHTIN, 2003, p. 21)

Temos agora que retomar a figura do **autor-criador** para explicitar um momento essencial que antecede a criação do objeto estético: é o momento denominado por Bakhtin de **empatia** com o objeto individual da visão. Ao momento da **empatia** segue sempre o **desejo da objetivação**, ou seja, dar materialidade, situar fora de si mesmo a individualidade compreendida através da **empatia**, separando-a de si mesmo e retornando a si mesmo. Bakhtin afirma:

> Eu devo entrar em empatia com esse outro indivíduo, ver axiologicamente o mundo de dentro dele tal qual

ele o vê, colocar-me no lugar dele e, depois de ter retornado ao meu lugar, completar o horizonte dele com o excedente de visão que desse meu lugar se descortina fora dele, convertê-lo, criar para ele um ambiente concludente a partir desse excedente da minha visão, do meu conhecimento, da minha vontade e do meu sentimento (BAKHTIN, 2003, p. 23).

Somente tal consciência que retorna a si mesma, que observa de fora, confere forma estética, do seu próprio lugar, à individualidade apreendida e qualitativamente original. Os momentos da **empatia** e da **objetivação** se interpenetram. A empatia é um ato do **autor-criador**, e somente nisso consiste a produtividade e a novidade do ato. Mediante a **empatia** se realiza algo que não existia nem no objeto da empatia, nem em mim antes do ato da **empatia**, e o existir-evento se enriquece desse algo que é realizado, o objeto estético propriamente dito (BAKHTIN, 2010).

A empatia é uma experiência marcada pela vontade e pelo sentimento, ou seja, pelo **tom emotivo-volitivo** que o objeto da empatia desperta no **autor-criador**. Nenhum conteúdo seria realizado, nenhum pensamento seria realmente pensado, se não se estabelecesse um vínculo essencial entre o conteúdo e o **tom emotivo-volitivo**, isto é, o seu valor realmente afirmado por aquele que pensa. Viver uma experiência, pensar um pensamento, ou seja, não estar de modo algum indiferente a ele significa antes afirmá-lo de uma maneira **emotivo-volitiva**.

> Somente o **ato responsável** supera toda a hipótese porque ele é de um jeito inevitável a realização de uma **decisão**; o ato é o resultado final, uma consumada conclusão definitiva; concentra, correlaciona e resolve em um contexto único e singular e já final o sentido e o fato, o universal e o individual, o real e o ideal, porque tudo entra na composição de sua motivação responsável; o ato constitui o desabrochar da mera possibilidade na singularidade da escolha uma vez por todas (BAKHTIN, 2010, p. 80-81).

Assim, vale sublinhar, que o **tom emotivo-volitivo** que abarca e permeia o existir-evento singular não é uma reação psíquica passiva, mas uma espécie de orientação imperativa da consciência, orientação moralmente válida e **responsavelmente ativa**. É neste sentido que Bakhtin afirma que o **autor-criador** é aquele que, ao reconhecer na vida um acontecimento que o atravessa de modo especial, se obriga a materializar a imagem do evento-único em objeto estético, transformando-o em objeto pertencente ao mundo da cultura. Ao destacar a **empatia e o tom emotivo-volitivo**, o que de fato Bakhtin quer mostrar é que não é a verdade teórica, ou um juízo universalmente válido, que me obriga a **assinar** um ato na vida, mas sim o meu desejo e vontade, enfim, meu amor pela vida. Daí ele afirmar que somente o **amor** é responsável pela criação estética:

> O desamor e a indiferença nunca geram forças suficientes para nos deter e nos demorarmos sobre o objeto, de modo que fique fixado e esculpido cada mínimo detalhe e cada particularidade sua. Somente o amor pode ser esteticamente produtivo, somente em correlação com quem se ama é possível a plenitude da diversidade (BAKHTIN, 2010, p. 129).

Em síntese, para Bakhtin, a vida como abstração teórica ou conceitual, por si só, não me obriga a nada, e por isso mesmo, não poderia me forçar ao ato. O mundo teórico é suscetível de ser indiferente à singularidade da vida de cada um, ou seja, as teorizações são incapazes de apreender o Ser como devir. Para o filósofo, o mundo conhecido teoricamente é um mundo autônomo que tem leis próprias, pois se refere ao universo do possível e do universal. Na medida em que ele permanece em seus próprios limites, a autonomia do mundo abstratamente teórico é justificável e inviolável. **A simples constatação teórica não obriga ninguém a nada.** A superação deste dilema está no **ato responsável**, ato que se concretiza impulsionado pelo reconhecimento do meu amor e da minha vontade como afirmação do meu não álibi no existir.

O ato responsável é precisamente o ato baseado no reconhecimento desta obrigatória singularidade. É essa afirmação do meu não-álibi no existir que constitui a base da existência sendo tanto dada como sendo também real e forçosamente projetada como algo por ser alcançado. É apenas o não-álibi no existir que transforma a possibilidade vazia em ato responsável real (Bakhtin, 2010, p. 99).

Compreender um objeto estético significa compreender meu dever em relação a ele, compreendê-lo em relação a mim na singularidade do existir-evento: o que pressupõe a minha **participação responsável** e não minha abstração. Somente do interior de minha participação posso compreender o existir como evento. Quanto ao amor, Bakhtin (2010) dirá:

> Somente um amor desinteressado segundo o princípio "não o amo porque é bonito, mas é bonito porque o amo", somente uma atenção amorosamente interessada, pode desenvolver uma força muito intensa para abraçar e manter a diversidade concreta do existir, sem empobrecê-lo e sem esquematizá-lo (p. 128).

Vejamos agora de que modo o compromisso de Pasolini com o mundo da vida, o seu não álibi no existir, se integra com o pensamento de Bakhtin. Nossa tarefa é mostrar como a obra teórica, a criação artística e a vida de Pasolini se revelam como algo singular nele, na unidade da sua responsabilidade. Enfim, o desafio é mostrar como o semiólogo, literato e cineasta – Pier Paolo Pasolini – encarna empiricamente como autor-pessoa e autor-criador a filosofia do ato responsável de Bakhtin.

Pasolini – estar no cinema é como estar na vida

A primeira questão que precisamos enfrentar quando nos propomos a entrar no universo da criação estética de Pasolini é compreender o que é o cinema. Pasolini dirá:

> Eu amo o cinema porque com o cinema fico sempre no nível da realidade. É uma espécie de ideologia pessoal, de vitalismo, de amor pelo viver dentro das coisas, na vida, na realidade [...] Repito, a raiz profunda e subterrânea dessa minha paixão é esse meu amor, irracionalista de certa forma, pela realidade: expressando-me com o cinema não saio nunca da realidade, estou sempre no meio das coisas, dos homens, daquilo que mais me interessa na vida, isto é, a própria vida (PASOLINI *apud* LAHUD, 1993, p. 41-42).

Para Pasolini o cinema revolucionou a compreensão do que seria a linguagem da realidade, uma vez que, ao contrário das outras artes, como a literatura, que exprimem o real através de símbolos linguísticos, o cinema é a única das artes que exprime a realidade pela própria realidade.

> A linguagem da realidade, enquanto ela foi natural, se encontrava fora da nossa consciência: presentemente que ela nos aparece "escrita", através do cinema, ela não pode deixar de exigir uma consciência. A linguagem escrita da realidade nos ensinará, antes de tudo, o que é a linguagem da realidade; ela terminará mesmo por modificar a idéia que temos dela, transformando nossas relações físicas com a realidade em relações culturais (PASOLINI, 1983, p. 145).

A **realidade** viva das coisas que se toca com as mãos e se vive com o próprio corpo é a única linguagem que poderia ser definida como o código primário que comunica sem a necessidade de intermediários simbólicos. O que as outras linguagens fazem é "traduzir", "recodificar" essa linguagem primeira. Os "signos" das línguas verbais (escrita ou falada) traduzem os signos da **linguagem da realidade**.

> Nada como fazer um filme obriga a olhar as coisas. O olhar de um literato sobre uma paisagem, campestre ou urbana, pode excluir uma infinidade de coisas, recortando do conjunto só as que o emocionam ou lhe servem. O olhar de um cineasta sobre a mesma paisagem – não pode deixar, pelo contrário, de tomar consciência de todas as coisas que ali se

encontram, quase enumerando-as. De fato, enquanto para o literato as coisas estão destinadas a se tornar palavras, isto é, símbolos, na expressão de um cineasta as coisas continuam sendo coisas: os "signos" do sistema verbal são portanto simbólicos e convencionais, ao passo que os "signos" do sistema cinematográfico são efetivamente as próprias coisas, na sua materialidade e na sua realidade. É verdade que essas coisas se tornam "signos", mas são "signos", por assim dizer vivos, de si própria (PASOLINI, 1990, p. 128).

Para Pasolini, diferentemente dos outros meios expressivos, o cinema "não evoca" a realidade como faz a literatura, muito menos a "copia" como faz a pintura e, por fim, não mimetiza a realidade como pretende o teatro. Diferentemente dos outros modos de expressão que, ao retraduzir a realidade se distanciam da linguagem das ações, o cinema tem a peculiaridade de reproduzi-la fielmente. O cinema nos permite estar dentro da realidade sem nunca sair dela e, portanto, expressar por meio dela própria os seus aspectos mais ocultos, sua dimensão "sagrada", não naturalizada.

[...] me foi preciso o cinema para compreender uma coisa extremamente simples, mas que nenhum literato sabe. Que a realidade se expressa por si mesma; e que a literatura nada mais é do que um meio de colocar a realidade em condição de se expressar por si mesma quando não se encontra fisicamente presente. Quer dizer, a poesia não passa de uma evocação, e o que conta é a realidade evocada que fala por si ao leitor, tal como falou por si mesma ao autor" (PASOLINI *apud* LAHUD, 1993, p. 47).

Podemos avançar nesta discussão e ousar afirmar que, tanto para Pasolini como para Bakhtin, a primeira linguagem humana corresponderia à **ação** que os homens desenvolvem nas relações de reciprocidade com os outros e com a realidade física. A gestualidade, as fisionomias, todas as coisas carecem de sentido, sendo necessário decifrar a realidade no seu momento vivo, único e irrepetível. Se, em Bakhtin, temos o autor-criador que prescinde da empatia para dar sentido à existência física no mundo, em Pasolini, este contemplador movido pela empatia, se traduz como um decifrador combativo e militante da experiência física e corpórea de estar no mundo. Pasolini, através de sua vocação semiológica, afirmava a necessidade de uma observação atenta da realidade para ler, nas próprias coisas, objetos, paisagens, gestos, atos, palavras, imagens, sempre os signos de uma situação histórica e cultural precisa (Lahud, 1993). As linguagens fisionômicas, verbais e comportamentais são sempre reveladoras de "formas de vida". Pasolini faz da câmara um dispositivo que amplifica o olhar do observador, potencializando o modo como este observa e reproduz a realidade. Para demonstrar como a percepção da realidade tangível é análoga à reprodução cinematográfica, Pasolini recorre com frequência à descrição de cenas do cotidiano.

> Agora X vai se levantar, dirigir-se para a porta, sair. Ele vai se afastar pelo corredor, descer a escada, abrir o portão que dá para a rua, entrar no carro: ele vai fazê-lo pegar, depois vai partir, dar a volta em torno da igreja São Paulo, tomar uma avenida que sai do lado da basílica de São Paulo... Em suma, ele vai prosseguir as atividades de sua vida, que durarão tanto tempo quanto durará a sua vida. Mas existirá sempre – nós sabemos agora – um olho (olhar) virtual para segui-lo: uma câmara invisível que não perderá nenhuma de suas ações, por mínimas que sejam, e que as reproduzirá idealmente, ou antes as escreverá cinematograficamente. Por infinita e contínua que possa ser a realidade, uma câmara ideal poderá sempre reproduzi-la nesta infinitude e nesta continuidade. O cinema é, portanto, como noção primordial e arquétipo, um plano-sequência contínuo e infinito (Pasolini, 1983, p. 138).

Portanto, com Pasolini, somos levados a compreender o cinema como um sistema de signos no qual a realidade do homem que caminha, fala, vive sua experiência corpórea no espaço da cidade é expressa por esse mesmo homem. Ao assistir a um filme, o espectador "reconhece" esse homem através do mesmo código com o qual ele reconhece um homem análogo na realidade. Por isso, para Pasolini, um autor cineasta, ao realizar um filme, está sempre a "escrever" a realidade. Mas, ao mesmo tempo em que destaca a potência da filmagem em plano-sequência, Pasolini faz a seguinte ressalva:

> Um tal plano-sequência em estado puro seria composto de uma série extraordinariamente enfadonha de coisas ou ações insignificantes. Aquilo que em cinco minutos de minha vida me acontece e me aparece tornar-se-ia, projetado numa tela, algo absolutamente desprovido de interesse: de uma irrelevância absoluta. Coisa que não percebo na realidade porque o meu corpo é vivente, e aqueles cinco minutos são os cinco minutos do solilóquio vital da realidade consigo mesmo (PASOLINI, *apud* LAHUD, 1993, p. 48).

Nos filmes de Pasolini o plano-sequência praticamente não existe, o que apontaria para uma contradição com a sua noção primordial e arquetípica do cinema como reprodução da realidade. Mas essa contradição é apenas aparente, como veremos a seguir.

Mas, afinal, o que é o filme como produto artístico para Pasolini?

Para responder a essa pergunta é fundamental compreender que há uma diferença fundamental entre o cinema como linguagem e o filme como produto artístico. O cinema é teorizado por Pasolini como território vasto, um infinito plano-sequência que flui paralelo à realidade, reproduzindo-a. Os filmes, em contrapartida, fazem o papel de recortar a realidade, delimitando-a, retirando-a do seu fluir ininterrupto para fixá-la sobre o celuloide através da montagem. O filme enquanto produto artístico é algo, que embora derive do real, da experiência direta com o mundo, fruto da imaginação do **autor-criador**, que a cada momento, intervém sobre o real. Assim, embora cinema e vida coincidam perfeitamente na teoria, na prática, no que diz respeito aos filmes efetivos, existe uma diferença profunda entre uma vida real e uma vida reproduzida. É nesse momento que a proximidade entre Pasolini e Bakhtin alcança a convergência máxima, pois ambos se referem diretamente ao domínio da moral, ou seja, o lugar onde tanto a vocação semiológica de Pasolini como a filosofia do ato de Bakhtin efetivamente se decidem.

Michel Lahud (1993), um dos mais brilhantes comentadores da obra de Pasolini, esclarece que a linguagem natural das coisas forneceria somente informações, enquanto a linguagem da realidade humana nos dá o exemplo. Isso equivale a dizer que as ações humanas são necessariamente portadoras de um sentido moral, ainda que esse sentido, no contínuo fluxo da vida, permaneça sempre, de algum modo, indeterminável, ambíguo, indeciso. Pasolini, assim como Bakhtin, recorre à metáfora da morte para caracterizar a especificidade da criação artística. Para os autores, a morte nos fornece a possibilidade de síntese da vida. Através da morte ou de qualquer outra forma de seleção e coordenação das ações-signos que acontecem na vida, é possível recuperar o sentido moral das ações humanas do fluxo indefinido dos acontecimentos, transmutando o presente em passado, e fixando um sentido moral estável e preciso: somente os fatos específicos e consumados são coordenáveis entre si e adquirem, portanto, um sentido (LAHUD, 1993, p. 50). Pasolini dirá:

> De fato, mal uma pessoa morre, e já se efetua, de sua vida apenas concluída, uma rápida síntese. Caem no nada milhões de atos, expressões, sons, vozes, palavras, e apenas algumas dezenas ou centenas delas sobrevivem. Um número enorme de frases que disse em todas as manhãs, tardes e noites de sua vida caem num abismo infinito e silencioso. Mas algumas dessas frases resistem, como por milagre, inscrevem-se na memória como epígrafes, ficam suspensas na luz de uma manhã, na doce escuridão de uma noite. A mulher e os amigos choram ao recordá-las. Num filme, são essas frases que restam (PASOLINI, *apud* LAHUD, 1993, p. 49).

Para Pasolini, não é o mimetismo nem o naturalismo que unem o cinema e realidade, mas justamente a ideia de morte. Depois da morte, pouco a pouco, se obtém uma imagem mais misteriosa e menos anedótica da vida. Do mesmo modo no cinema é na montagem que se elabora o sentido do vivido, tornando-o decifrável. A montagem é o modo como o autor-criador se depara com a estrutura mítica do real.

Percebe-se então que Pasolini e Bakhtin sublinham a qualidade essencial de qualquer tradução – sempre parcial e seletiva – da linguagem da realidade nas demais linguagens. Mas ambos, ao final das contas, nos convencem de que o que se perde com essas traduções em matéria de continuidade temporal, de naturalidade do ser, **se ganha em matéria de consciência histórica, de objetivação moral dos fatos e das ações humanas**, ou seja, de **sentido**. O autor-criador é aquele que busca decifrar um real que fala por si mesmo, mas cujo sentido pleno só se define na seleção e organização dos signos que se revelam a ele por meio da empatia, momento essencial, mas não o único, da criação estética.

Para a concretização da atividade estética é necessário que o autor-criador não seja indiferente aos fatos e ações humanas, pois é no corpo e com o corpo que ele decifra o mundo, interiorizando-o. Pasolini compreendia ser o seu corpo a própria tela onde se imprimiam os signos da realidade a ser decifrada. Porém, não ignorava que essa mesma linguagem interiorizada seria indecifrável sem um certo distanciamento do decifrador. Isso significa dizer que Pasolini compreendia, como Bakhtin, que a atividade estética pressupõe um excedente de visão, ou seja, duas consciências não coincidentes. O autor-criador deve viver intensamente a empatia, mas, ao mesmo tempo, superá-la, para então completar, a partir do olhar exotópico, o objeto de sua criação.

Assim, na criação de um filme, aspectos do plano da vida capturados pela câmara são destacados, recortados, isolados de seu caráter de evento único e são subordinados, através da montagem, a uma nova unidade, condensados em uma imagem definida e acabada pelo cineasta. Portanto, podemos dizer que o cineasta Pasolini, a partir de uma determinada posição axiológica frente a uma realidade vivida e valorada, realiza a transposição de um plano de valores para outro plano de valores, organizando, por assim dizer, no interior de seus filmes, um novo mundo para ser contemplado como objeto estético.

Com Pasolini podemos definir o ato estético como um movimento de desejo e vontade do autor-criador para isolar e destacar, a partir de um modo de apreensão singular, impressões, detalhes, gestos, elementos concretos do mundo da vida que, por si só, já são valorados na realidade vivida, deslocando-os, para o interior de outro enunciado concreto, o filme. É esse isolar, reformatar e dar acabamento em uma nova unidade axiológica que constitui, tanto para Bakhtin como para Pasolini, o específico do objeto estético.

Se para Bakhtin a criação de si e do outro se dá permanentemente no cenário da vida, como caracterizar o momento em que a pessoa assume para si o dever, ou a obrigação, da criação do objeto estético? Bakhtin diria que o amor nos impulsiona irrevogavelmente para o ato responsável. Com a vida e a obra de Pasolini compreendemos o alcance de tal tarefa, pois é a consciência da sua paixão e do seu amor pela realidade que o impele a mostrar, através do cinema, a potência política do seu olhar.

A tarefa do comentador

O pensamento de Bakhtin ressalta a polifonia que se enriquece com a manifestação das diferenças, mas a sintonia entre as ideias de Bakhtin e Pasolini me lembraram também o valor que é dado à *concordância*. O próprio Bakhtin chama a atenção para o fato de que não devemos deixar de valorizar a *concordância*, ao interpretar as relações dialógicas:

> A *concordância* é uma das formas mais importantes de relações dialógicas. A concordância é muito rica em variedades e matizes.

Dois enunciados idênticos em todos os sentidos ("belo clima" – "belo clima"), se realmente são *dois* enunciados pertencentes a *diferentes* vozes e não um só enunciado, estão ligados por uma *relação dialógica de concordância*. Trata-se de um determinado acontecimento dialógico nas relações mútuas entre os dois e não um eco (BAKHTIN, 2003, p. 331).

Para Bakhtin, a concordância não deve ser reconhecida como alguma coisa lógica ou mecânica. Ela supõe uma distância e, ao mesmo tempo, uma entrada em comum, o que é diferente de uma fusão: "Na concordância sempre existe algo de inesperado, de dádiva, de milagre, porque a covocalização dialógica, por sua própria natureza, é livre, isto é, não predeterminada, nem inevitável" (BAKHTIN *apud* EMERSON, 2003).

Bakhtin e Pasolini possuem um estofo intelectual voltado para a reflexão filosófica e nela se manifesta um amor, um interesse à vida em toda a sua complexidade. Daí que acabam por se afastar de esquemas universais na tentativa de interpretar a realidade. Pois, de um lado, a partir da filosofia moderna, teríamos a tradição analítica, atenta às condições gerais de possibilidade do conhecimento verdadeiro e da busca do que é "justo-e-verdadeiro-para-todos". Do outro, uma forma diferente de pensamento, interessada não mais na verdade em geral, e sim em um pensamento localizado e sempre ligado a experiências concretas de vida.

Como pensadores, os dois se engajam numa tarefa diferente daquela do filósofo tradicional, que implica renunciar a doutrinas ou a um corpo qualquer de conhecimentos duráveis e acumulativos, e adotam uma atitude, por assim dizer, que é também um certo modo de vida: pois para ambos, trata-se de fazer uma análise dos limites que nos são impostos pelo presente, que é sempre, ao mesmo tempo, experimentação da possibilidade de transgredi-los.

O entendimento de Bakhtin de que há dois mundos, o mundo da vida e o mundo da cultura, e que estes estão inevitavelmente separados, é um ponto interessante para ser comentado em relação à teoria de Pasolini sobre o cinema. Ele, que também era escritor e estudioso da literatura, ao refletir sobre a especificidade da linguagem cinematográfica e de sua gramática própria, através da abordagem semiológica,[3] percebeu que fazer filmes em vez de literatura significava uma verdadeira troca de "línguas": especificamente, a troca de um sistema de signos abstratos e convencionais por outro, bem mais concreto, cujas unidades significantes básicas são os próprios objetos e atos da realidade.

Mas como conciliar o que Pasolini diz com o que pensa Bakhtin sobre a atividade estética? É necessário reconhecer uma tensão permanente na atividade reflexiva de Bakhtin. Pois, depois de constatar uma distância irremediável entre os dois mundos (da cultura e da vida) ele admite que a responsabilidade do ato criador os unifica. E aí a responsabilidade/respondibilidade de Pasolini se mostra exemplar, pois com o seu cinema e a sua vida opera, por assim dizer, a união desses mundos.

A responsabilidade do ato em Bakhtin está totalmente ligada à consciência de ocupar um lugar único na existência e por isso marcar esse lugar. No caso de Pasolini, essa consciência se expressou com muita convicção, com muito compromisso no combate à acomodação e à apatia que se transformam em ameaça à consciência crítica em relação às coisas que nos cercam e em relação a nós mesmos. Assumir esse compromisso é também enfrentar a solidão. Em outras palavras, será que o lugar único, sem álibis, que cada um de nós ocupa na existência e que é tão enfatizado por Bakhtin como a assunção de um "dever ético" nos faz entrar em contato, inevitavelmente, com um sentimento de solidão? Solidão é algo que pertence à consciência criadora de Pasolini,

---

[3] Estudo geral dos sistemas simbólicos, entre eles, a linguagem. A disciplina é tradicionalmente dividida em três áreas; a sintaxe, o estudo abstrato dos signos e de suas inter-relações; a semântica, o estudo da relação entre os signos e os objetos a que se aplicam; e a pragmática, o estudo das relações entre os que utilizam o sistema e o próprio sistema.

que explicita, tanto na vida como na obra, a energia que o incita a mostrar a sua não indiferença e o seu dever ético de compartilhar com seus contemporâneos tudo aquilo que vê e sente.

> Não sou indiferente, nem tampouco simpatizo com o que (hipocritamente) é chamado de "posição independente". Se sou independente, sou-o com raiva, dor e humilhação: não aprioristicamente, com a calma dos fortes, mas força-damente. E, portanto, se me preparo – nesta coluna, uma franja da minha atividade de escritor – para lutar como posso, e com toda a minha energia, contra qualquer forma de terror, é na verdade porque estou só. Meu caso não é de indiferentismo nem de independência: é de solidão. E é isso, de resto, o que me garante uma certa (talvez louca e contraditória) solidão. Não tenho atrás de mim ninguém que me apoie e com o qual eu tenha interesses comuns a defender (PASOLINI, 1982, p. 37).

A reflexão de Bakhtin em diálogo com Pasolini me faz pensar na relação estreita que existe entre as práticas coleti-vas e as ações individuais. Em que medida, o que eu vejo à minha volta me afeta no sentido de me forçar ao trabalho de explicitar intenções e ações (nem que seja para mim mesmo)?

Outra distinção importante é a que Bakhtin faz entre o autor-pessoa e o autor-criador: o autor-pessoa é a pessoa fí-sica, o sujeito real da visão. Já o autor-criador ocupa o lugar da consciência da sua visão, pois seu compromisso é exercer uma função estético-formal que possibilitará a construção da obra. É possível dizer que o autor-criador dá um salto em relação a si mesmo? Essa pergunta me ocorreu porque Bakhtin, ao enfatizar a separação entre o mundo da vida e o mundo da cultura, traz à tona o fato de que ocupamos ine-vitavelmente um lugar existencial entre esses dois mundos:

> O homem contemporâneo sente-se seguro de si, prospero e inteligente, quando ele próprio não está essencialmente e fundamentalmente presente no mundo autônomo de um

domínio da cultura e de sua lei de criação imanente. Mas ele se sente inseguro, deficiente e destituído de compreensão, quando se trata dele mesmo, quando ele é o centro emissor de atos e ações responsáveis, na vida real e única. Isto é, nós *agimos* com segurança apenas quando o fazemos não como nós mesmos, mas como alguém possuído pela necessidade de significado imanente de algum domínio da cultura" (BAKHTIN, 1993, p. 33).

Voltando à posição formal, própria do autor-criador, Bakhtin confere à empatia, marcada pelo tom emotivo-volitivo que o objeto da empatia desperta, a produtividade e a novidade do ato criador. No caso da autoria de Pasolini, percebe-se numa espécie de desespero, uma forma de combate sem concessões a todos os discursos constituídos. O filósofo, ao acreditar na primitiva e rígida lição transmitida pela linguagem das coisas, considerava que as suas palavras eram impotentes para falar de um mundo e de uma forma de vida a quem já estava vivendo a experiência de um mundo que funcionava diferente. Era essa, aliás, uma das maiores violências que Pasolini atribuía ao que chamava de "fascismo do consumo": a de conseguir apagar da realidade os vestígios de uma forma de vida que já não existia pelo efeito do capitalismo.

Quanto à linguagem cinematográfica, Pasolini também se refere ao cinema como espelho da realidade. Para ele, é como se o espelho, ao deslocar a atenção do observador para as próprias coisas refletidas, viria ao mesmo tempo lhe revelar o que elas de fato são, *e não só no espelho*. Pois, se essas coisas podem ser significantes quando reproduzidas, é porque certamente são *sempre* significativas, mesmo antes de se tornarem imagens cinematográficas.

Lahud (1993) reconhecia no projeto filosófico de descrição da realidade como linguagem de Pasolini a legítima expressão teórica de sua vocação intelectual, qual seja, a sua "mania" de observar atentamente a realidade para ler nas próprias coisas, objetos, paisagens, gestos, atos, palavras, imagens sempre, os signos de uma "forma de vida", situada histórica e culturalmente.

Entendendo dessa forma, podemos pensar que, com o cinema, Pasolini, estaria reapresentando a realidade e, ao fazer isso, estaria dando ao espectador uma nova chance de "enxergar" as coisas. Podemos então arriscar dizer que o cinema de Pasolini tinha a intenção de mostrar a vida e a realidade por um ângulo ainda não explorado, assumindo o risco de não ser compreendido por ousar ocupar o lugar do olhar transgressor. Ainda que não houvesse a garantia de ser compreendido por seus contemporâneos, esse fato, por si só, não o impedia de continuar insistindo em dizer e mostrar. Sua arte se traduz no compromisso de assumir seu lugar único no mundo, sem álibis.

Para encerrar, considero importante dizer que o cinema de Pasolini, ao explicitar uma concepção filosófica, encontra eco na reflexão filosófica de Bakhtin que, segundo Emerson, "foi um pensador que, mais do que utilizar o pensamento para iluminar a literatura, usou a literatura para ilustrar, de um modo absolutamente seletivo, o curso de suas ideias" (EMERSON, 2003, p. 100). Assim, sua tendência para a filosofia, vista de uma maneira mais ampla, é sua contribuição mais valiosa à cultura, já que o próprio Bakhtin nunca demonstrou como preocupação principal, a tarefa de estabelecer uma teoria literária incontestável ou uma explicação completa e satisfatória de autores ou textos artísticos: pelo contrário, a literatura lhe parecia uma ilustração de seus princípios e estratégias de pensar e de viver.

O filósofo também não considerava o momento estético como autônomo ou excepcional na experiência humana, nem o via como um surto de inspiração ou arrebatamento dentro de vidas insípidas e pouco criativas. Pelo contrário, a tarefa estética, quando bem entendida, se mostraria como uma espécie de modelo para todas as outras tarefas humanas, mesmo a mais rotineiras.

Essa compreensão de Bakhtin se contrapôs às tentativas de analisar a "arte pela arte", contentando-se com um pouco mais do que a busca da forma perfeita e a liberdade criativa para o artista. Em *Arte e responsabilidade*, Bakhtin (2003) rejeita esse tipo de escapismo ao sustentar que o próprio ato autoral ligaria o mundo da estética ao mundo da vida, e conclui: *Arte e vida não são a mesma coisa, mas devem tornar-se algo singular em mim, na unidade da minha responsabilidade* (p. 34).

Referências

BAKHTIN, M. *Para uma filosofia do ato responsável*. São Carlos: Pedro & João Editores, 2010.

BAKHTIN, M. *Para uma filosofia do ato*. Tradução de Carlos Alberto Faraco e Cristóvão Tezza da edição americana *Toward a Philosophy of the Act*. Austin: University of Texas Press, 1993. Tradução destinada exclusivamente para uso didático e acadêmico.

BAKHTIN, M. *Estética da criação verbal*. São Paulo: Martins Fontes, São Paulo, 2003.

EMERSON, Caryl. *Os cem primeiros anos de Mikhail Bakhtin*. Tradução de Pedro Jorgensen Jr. Rio de Janeiro: Difel, 2003.

FARACO, C. *Bakhtin e a atividade estética: novos caminhos para a ética... In*: Círculo – Rodas de Conversas Bakhtinianas. São Carlos, 2010. Inédito.

LAHUD, M. *A vida clara. Linguagens e realidade segundo Pasolini*. São Paulo: Companhia das Letras; Editora UNICAMP, 1993.

PASOLINI, P. P. *Caos. Crônicas Políticas*. São Paulo: Editora Brasiliense, 1982.

PASOLINI, P. P. *As últimas palavras do herege. Entrevistas com Jean Duflot*. São Paulo: Brasiliense, 1983.

PASOLINI, P. P. *Os jovens infelizes. Antologia de ensaios corsários*. São Paulo: Editora Brasiliense, 1990.

Política como ação responsiva:
breve ensaio acerca de educação e arte[1]

Cecilia Maria Aldigueri Goulart

Foi um grande desafio tratar do tema *política* relacionando-o à categoria de *ação responsiva* de Bakhtin, atendendo o convite de participar desta mesa do I Encontro de Estudos Bakhtinianos (EEBA). Por um lado, o abrangente tema se afasta dos temas mais especificamente estudados por mim e por meu grupo de pesquisa; por outro, a dimensão política dos temas trabalhados nunca se afastou de nós e nos marca decididamente. Mas que política? Como podemos conceber política? Política no singular, no plural? Como compreender politicamente a perspectiva bakhtiniana de sociedade, linguagem e sujeito focalizando a educação? Fui levada a me perguntar. O tema é propositivo: política como ação responsiva. Mas por onde começar, considerando o trabalho fértil, complexo e de múltiplo alcance do nosso autor de referência?

Bakhtin constrói a arquitetônica discursiva de sua obra, apoiado em princípios da obra de Marx, sem, no entanto, se fechar nela, projetando como esteio do seu edifício teórico uma concepção de homem, de vida social e de mundo. Seus escritos dão a dimensão da riqueza e variedade de fontes em que se fundamentou e dos campos de conhecimento que abrangem.

---

[1] Conferência proferida na mesa intitulada "Política como ação responsiva", no I Encontro de Estudos Bakhtinianos, 4-6 de novembro de 2011, ocorrido na Faculdade de Educação da UFJF. Essa mesa aconteceu num domingo, à tarde, como fechamento do evento. No processo de elaboração do texto, esses dados foram considerados.

O autor concebe as relações entre linguagem e sociedade, na perspectiva da dialética do signo, enquanto efeito das estruturas sociais. A linguagem, concebida como produto da atividade humana coletiva, reflete em todos os seus elementos a organização tanto econômica quanto a sociopolítica da sociedade que a gerou (VOLOCHÍNOV, 1993, p. 227).

A cada vez que retorno à leitura de Bakhtin, me chama a atenção o número de vezes que utiliza as expressões "pontos de vista", "pontos de apoio", "pontos de contato", entre outros pontos. Esses pontos de ancoragem na dinâmica arquitetura teórico-metodológica de seu trabalho nos situam e nos desafiam, levando-nos a buscar compreender suas balizas, tarefa nunca simples.

Minha exposição toma como ponto de partida (para não sair de perto do mestre...) alguns princípios fundamentais de sua concepção de linguagem e, por extensão, de vida social, para focalizar aspectos ligados ao que pode ser chamado de política, na direção de refletir, ainda que brevemente, sobre horizontes para a educação e para práticas educativas. Como ponto de apoio, procurando explorar vieses políticos do tema, apresento de modo sintético, provocada pelo próprio autor, o deus Jano, da Roma Antiga, que lhe serve como imagem, entre tantas outras construídas para nos aproximar de seus modos de pensar e organizar conceitos e patamares de estudo. Além do deus em questão, partes do texto de uma peça teatral são apresentadas, compondo um panorama para sintetizar a discussão sobre política como ação responsiva, na relação com a arte e a educação. O desafio de abordar o complexo tema me levou a um texto em planos; em alguns momentos, o leitor é instigado a estabelecer elos entre eles.

O diálogo se estabelece como princípio constitutivo de toda construção do quadro conceitual e categorial de seus estudos, criando focos de aproximações e dispersões, e também criando e tensionando teórico-metodologicamente visões de sociedade, linguagem e sujeito. Estabilidades e instabilidades, monólogo e diálogo, sistema e discurso, eu e outro, ideologia do cotidiano e sistemas ideológicos, entre tantos outros. Poderíamos pensar, equivocadamente, que os valores que caracterizam e norteiam ações filiadas à tradição filosófica (ordem, estabilidade, equilíbrio, coerência, verdade, unidade do eu) sejam somente balizas de onde parte a arquitetônica de sua obra ou que sejam apenas agenciados para fortalecer a sua negação. Ao contrário, o que observamos é que tais balizas são tensionadas e fazem parte do quadro teórico, na dimensão espacial e temporal, movimentando os discursos dos sujeitos, esferas sociais de conhecimento, grupos de diferentes matizes, classes sociais, ou seja, a sociedade como um todo, sendo muito difícil apreender-lhes numa fotografia. Uma cenografia caberia melhor; não foi à toa que nosso autor se dedicou tanto à leitura e ao estudo da literatura, captando-lhe o plurilinguismo social. Como ele próprio afirma em *Questões de estética e literatura* (BAKHTIN, 1998), a literatura é uma caldeira que sujeitos e gêneros múltiplos povoam, entrecruzando-se de modos vivos, tornando-se um espaço-tempo de valores expressivos para abordar a arte e a vida, estabelecendo como eixo central a relação entre o eu e o outro.

Situando a verdade em patamar original, sem negá-la, Bakhtin apresenta grande contribuição para o movimento de relativização das verdades científicas, especialmente nas ciências humanas e sociais, e contribui para uma possibilidade de organização do pensamento filosófico e sociológico, destacando o seguinte (BAKHTIN, 2002, p. 69):

> Não vemos qualquer necessidade de dizer especialmente que o enfoque polifônico nada tem em comum com o relativismo (e igualmente com o dogmatismo). Devemos dizer que o relativismo e o dogmatismo excluem igualmente qualquer discussão, todo diálogo autêntico, tornando-o desnecessário (o relativismo), ou impossível (o dogmatismo).

A dimensão política da arquitetônica bakhtiniana se organiza em direção extremamente rica na medida em que a cultura e a história estão imantadas na realidade da constituição e da vida dos signos ideológicos, determinadas pelo conjunto de leis sociais e econômicas. O signo determina e é determinado pelas formas de interação social, habitando os mais recônditos espaços, destacando-se pela ubiquidade social:

> [...] a palavra penetra literalmente em todas as relações entre indivíduos, nas relações de colaboração, nas de base ideológica, nos encontros fortuitos da vida cotidiana, nas relações de caráter político, etc. [...] A palavra é capaz de registrar as fases transitórias mais íntimas, mais efêmeras das mudanças sociais (BAKHTIN/VOLOCHÍNOV, 1988, p. 32).

Nas formas de relação entre os homens, a política – aqui entendida como modo axiológico de organização e hierarquização do poder no sentido coletivo da vida social –, se desenha nos caminhos que se traçam com a palavra – na luta com as palavras, constituindo-se e constituindo modos de agir, pensar e construir o grande e tensionado diálogo da sociedade. Nessa arquitetura político-filosófica, fundada na linguagem, sobressai o plano da ideologia do cotidiano "que não pode ser vinculada a uma esfera ideológica particular: trata-se da *comunicação na vida cotidiana*", tipo de comunicação "extraordinariamente rica e importante", diretamente vinculada aos processos de produção e às esferas das diversas ideologias especializadas e formalizadas (BAKHTIN/VOLOCHÍNOV, 1988, p. 27). Essa ideologia envolve o conjunto de sensações cotidianas interiores, que refletem e refratam a realidade social objetiva, e expressões exteriores, imediatamente ligadas a ela. Essa ideologia dá sentido a cada ato nosso, a cada ação e a cada um de nossos estados [...] (cf. VOLOCHÍNOV, 1993, p. 238).

Instável e mutável, da ideologia do cotidiano afloram gradualmente os sistemas ideológicos: a ciência, a moral, a religião, a filosofia, o direito, as teorias políticas, entre outros. Tais sistemas são, segundo o autor, "produtos do desenvolvimento econômico, produtos do enriquecimento técnico-econômico da sociedade", exercendo fortíssima influência sobre a ideologia do cotidiano e, de um modo geral, dando-lhe tom dominante.

Bakhtin/Volochínov salienta em *Marxismo e filosofia da linguagem* que "nos níveis inferiores da ideologia do cotidiano, o fator biográfico e biológico tem um papel importante", e ressalta que, à medida que a enunciação se integra no sistema ideológico, a importância desse fator decresce. "Se as explicações de caráter biológico e biográfico têm algum valor nos níveis superiores, o seu papel é extremamente modesto. Aqui o método sociológico objetivo tem total primazia" (BAKHTIN/VOLOCHÍNOV, 1988, p. 123). Bakhtin entende também que a sucessiva integração e aprofundamento dos sujeitos na vida social os tornam mais livres e criativos para reformular gêneros padronizados. Decorre daí que, segundo ele, o maior domínio e emprego de gêneros pode levar os sujeitos para além da descoberta da potencialidade criadora, onde for possível e necessário, à realização "de modo mais acabado (d)o nosso livre projeto de discurso" (BAKHTIN, 2003, p. 285).

Ao se referir à plurivalência social como um traço da maior importância do signo ideológico (BAKHTIN/VOLOCHÍNOV, 1988, p. 37), discutindo sobre sua natureza, alude a Jano, deus da antiga religião romana (BAKHTIN/VOLOCHÍNOV, 1988, p. 38). Escreve o autor: "O caráter vivo e dinâmico do signo faz dele um instrumento de refração e de deformação do ser e todo signo ideológico vivo tem duas faces, como Jano. Toda crítica viva pode tornar-se elogio, toda verdade viva não pode deixar de parecer para alguns a maior das mentiras".

Mobilizada pela riqueza do universo referencial que serve de fonte a Bakhtin para o desenvolvimento de seus estudos, e pelo espaço que abre para a arte, a literatura e a mitologia na vida social, fui atrás de Jano. Quem é Jano? Por que Bakhtin teria recorrido a Jano? Até que ponto Jano marca seu estudo sobre a linguagem?

Segundo a fonte consultada,[2] e que serve de fundamento a toda a parte relativa ao deus Jano que virá a seguir, a natureza de Jano é muito debatida desde os antigos. O eixo que organiza o conjunto das funções de Jano se constitui como aquele que governa todos os princípios e transições, abstratas ou concretas, sagradas ou profanas. Deus dos começos e das transições e, por extensão, de portas, entradas e saídas, e deus do tempo. Deus de duas faces, olhando tanto para o futuro quanto para o passado.

O deus Jano é interpretado com base nessa função geral ou algum aspecto do deus é destacado, identificando-o com luz, sol, lua, tempo, movimento, portas, pontes, etc., ou ainda veem nele um tipo de princípio cosmológico. Ainda de acordo com a mesma fonte, porque é um deus do movimento, Jano cuida de passagens, provoca o começo de ações, governa todos os princípios. E como movimento e mudança são bivalentes, Jano tem uma dupla natureza, o que explica sua imagem de duas cabeças.

De Jano, criou-se janeiro, o mês que representa a passagem de um ano a outro. Jano é o iniciador da vida humana, de novas eras históricas, e de empreendimentos econômicos: na mitologia, ele inicialmente cunhava moedas, e a moeda de bronze, que foi a primeira da série das libras, traz sua efígie no verso.

O verbete "Jano" não aparece nos dicionários Aurélio e Houaiss, mas aparece em dicionários de língua inglesa (Webster's, 1993; Oxford, 2009) com o sentido original de deus da Roma Antiga e também como adjetivo, na expressão *Janus-faced*, significando 'homem de duas caras, embusteiro'. Em dicionário latino (Torrinha, 1945), encontramos a acepção de "antigo rei da Itália; divindade representada com

---

[2] As referências a Jano foram organizadas com base em parte do que consta no verbete *Janus* na Wikipédia de língua inglesa. A versão livre dos textos para o português é de minha autoria. Disponível em: <http://en.wikipedia.org/wiki/Janus>. Acesso em: set. 2011.

dois rostos; [...]" e a acepção "passagem, arcada, pórtico ou galeria abobadada, onde estavam, entre outros, os banqueiros e cambistas".

Por sua natureza de princípio, mudança e transição, segundo a Wikipédia, Jano foi frequentemente utilizado para simbolizar a progressão do passado para o futuro, de uma condição para outra, de uma visão para outra, do crescimento dos jovens, e de um universo para outro. Jano era adorado no início das colheitas e das plantações, e também nos casamentos, mortes e outros começos. Ele era representativo do intervalo entre a barbaridade e a civilização, o rural e o urbano, a juventude e a idade adulta.

Muitas questões podem ser exploradas com base em características do deus Jano e relacionadas com categorias bakhtinianas, não há como expandi-las aqui, entretanto. Mas, pergunto: poderia Bakhtin ter escolhido imagem melhor para tratar da relevância do conceito de signo ideológico na construção de sua arquitetônica? Esse Jano dos tempos e aberturas, dos intervalos, dos interstícios, do movimento, da mudança, parece ressoar na obra de Bakhtin, levando-o a explorar incansavelmente a potencialidade humana de se deslocar e viver no plurilinguismo social, relacionando o plano da vida da produção dos bens materiais e o plano da vida da produção dos bens simbólicos, sintonizando linguagem, sociedade e história.

Em Bakhtin encontramos o tempo aberto de Jano para a experiência ideologizada, plural, da vida enunciativa, lugar de passagem, transitório e movimentado historicamente no presente pelo olhar para o futuro, visando o horizonte do vir-a-ser. Bakhtin concebe os sentidos dos enunciados na multiplicidade de formas de discurso que os habitam em diálogo, os sentidos tanto podem servir ao fechamento quanto à abertura, à opressão e à libertação. E aqui se revela o sentido do intervalo, que também ecoa entre sujeitos, entre tempos e espaços, entre diferentes vozes, entre o autor e o herói, entre a arte e a vida, na história da cultura humana.

Toda essa conjugação de complexos movimentos e ações afeta e é afetada pela ideologia do cotidiano em sua relação com os sistemas ideológicos constituídos. E nos provoca a refletir sobre o trabalho político-pedagógico que se realiza na tradição escolar, prioritariamente com a linguagem – não há educação sem linguagem – que continua marcando de muitos modos os espaços educativos formais. Para formular seu projeto de teoria da enunciação, Bakhtin escapa de dois aprisionamentos, determinações: do sistema e do eu, que comprometem e ao mesmo tempo arrebanham os sujeitos, para implicá-los nas ações discursivas da sociedade, ideologicamente. Sem deixar de lado o sistema e o sujeito, cria no intervalo vozeado entre eles as condições em que a linguagem humana se produz.

Nas propostas de trabalho para alfabetizar na escola, a litania de textos, a litania de tudo – a repetição para ordenar, catequizar –, no interior de uma sociedade pensada unidiscursivamente, persiste em prevalecer. Apesar de propostas e parâmetros aparentemente inovadores, a concepção de unidade na diversidade, que se mantém, e o deslocamento das práticas para a ênfase em novas categorias, como gêneros (do discurso?) continuam a agir para a submissão dos sujeitos pela negação do plurilinguismo de suas falas.

A sociedade politicamente organizada reverbera nas relações intersubjetivas nas escolas, e poderia tomar essas relações como objeto da política educacional, na perspectiva da orientação dialógica dos discursos, ou seja, do encontro de discursos em tensa interação. Afinal, é desse diálogo com sua réplica viva que os discursos nascem e se formam na mútua orientação dialógica do discurso de outrem no interior do objeto (cf. BAKHTIN, 1998, p. 88). A orientação dialógica do discurso é a base para a construção de relações dialógicas, no movimento de linguagens sociais de diferentes naturezas. No entanto, o que continua a vigorar é a tendência centralizante da vida ideológica verbal da *unidade* na diversidade.

De acordo com Bakhtin, essa '*orientação para a unidade*', no presente e no passado das línguas,

[...] fixou a atenção do pensamento filosófico-linguístico sobre os aspectos mais resistentes, mais firmes, mais estáveis e menos ambíguos do discurso (sobretudo os aspectos *fonéticos*), enfim, os aspectos mais distanciados das esferas sociossemânticas mutáveis do discurso. Do ponto de vista ideológico, a "consciência linguística", real, saturada de ideologia, participante de um plurilinguismo e de uma plurivocidade autêntica [...] (1998, p. 84) [permanece do lado de fora da escola, muitas vezes].

Onde se está falando de Wall Street e de mais oitenta cidades ocupadas pelo movimento de contestação ao capitalismo e suas crises? Quem está pondo em foco a chamada "primavera árabe" e o assassinato de ditadores e líderes políticos, sem direito a julgamento, e aqui mesmo, o assassinato de líderes da terra, como no Pará? Quem está discutindo formas tradicionais e novas de viver socialmente? Quem está escrevendo sobre a resistência dos haitianos à entrada de toneladas de sementes transgênicas para continuar a aniquilá-los? Quem está denunciando outros homicídios coletivos velados? Quem está se preocupando com bactérias e epidemias que se alastram nas partes pobres do mundo? Quem está ligado nas chamadas "enfermidades profissionais" que acometem trabalhadores na China, por exemplo, pelo manuseio de substâncias altamente tóxicas, em ambientes sem ventilação? Quem está se ocupando do tráfico humano, como o de mulheres iraquianas, viúvas e órfãs, depois de 10 anos de guerra? A não ser periódicos de pequena circulação, espaços promovidos por grupos sociais específicos, temas candentes nacionais e internacionais têm ficado à margem da sociedade como um todo. A visão monovalente da dinâmica social predomina, tentando fazer-nos crer que "a gente vai se ver na Globo" ou que a doação de 7 reais para o programa criança-esperança nos alivia, nos tira a responsabilidade pelas desigualdades, injustiças e crueldades sociais.

E o que se pode esperar da escola na sociedade que, apesar de avanços econômicos, nunca colocou a educação como propulsora de suas ações? Os avanços valem pelo valor do capital e dos homens e de instituições que o detêm. Mas, felizmente, o caos é movediço, como afirma nosso autor: essa estratificação e contradição reais não são apenas a estática da vida da língua, mas também a sua dinâmica: a estratificação e o plurilinguismo se ampliam e se aprofundam na medida em que a língua está viva e se desenvolvendo; ao lado das forças centrípetas, caminha o trabalho contínuo das forças centrífugas da língua; ao lado da centralização verbo-ideológica e da união, caminham ininterruptos os processos de descentralização e desunificação. Cada enunciação concreta do sujeito do discurso constitui o ponto de aplicação seja das forças centrípetas, seja das centrífugas (cf. BAKHTIN, 1998, p. 82).

É no contexto, então, de grandes contradições que vivemos e atuamos politicamente na vida, nas universidades, nas escolas. E é desse contexto contraditório que podemos, como professores despertadores (lembrando uma figura do Y-Ching...), continuar atuando e atiçando o trabalho das forças centrífugas no plurilinguismo social. Nessa direção, a arte pode ter papel especial (como vêm apontando professores), no contexto da ação pedagógica; não como um pingente, mas como um campo ideológico para nos irizar.

Bakhtin entende que o ato cognitivo pressupõe a realidade do ato ético e a realidade da visão estética, destacando que, pela relação com essa realidade, o ato ético deve ocupar uma posição importante como ato criador. Salienta que, do ponto de vista cultural, o ato cognitivo, como ato criador, somente se torna necessário e indispensável, quando relacionado com outros pontos de vista criadores. O autor destaca que na orientação direta para a unidade da cultura é que o fenômeno deixa de ser um mero fato, adquire sentido, singularidade criativa – "transforma-se como que numa mônada que reflete tudo em si e que está refletida em tudo" (1998, p. 29).

Segundo o autor, o ato cognitivo se organiza em realidade ordenada, valorada, tendo sido apreciado e regulamentado pelo procedimento ético, prático e cotidiano, social e político, provindo, portanto, da representação esteticamente ordenada da visão do objeto. Em relação ao ato artístico, Bakhtin afirma que este também se produz na atmosfera valorizante, tensa, daquilo que é definido reciprocamente, e não, isolada, no vazio. "A obra de arte é viva e significante do ponto de vista cognitivo, social, político, econômico e religioso num mundo também vivo e significante", diz Bakhtin (1998, p. 30). A atividade estética enriquece e completa a realidade da natureza e da humanidade social preexistente ao conhecimento e ao ato ético, criando a unidade concreta desses dois mundos: coloca o homem na natureza, seu ambiente estético, humaniza a natureza e naturaliza o homem: o homem ético se enriquece através da natureza positivamente afirmada; o homem natural, através de um conceito ético (p. 33-34).

E Bakhtin prossegue, escrevendo que a arte cria uma nova relação axiológica com o que se tornou realidade para o conhecimento e para o ato: na arte nós sabemos tudo, lembramos tudo; no conhecimento, não sabemos nem lembramos nada. O mundo do conhecimento e do ato, a ser conhecido e provado na arte, na arte se apresenta como novo. É na relação com ele que se percebe na arte o elemento da originalidade, da novidade, do imprevisto e da liberdade. Então, a questão não é entender a arte como um meio, como tantas vezes se vê no campo da educação, mas como um fim, com suas muitas feições, sempre promovendo o encontro do eu com o outro e revelando a faceta criadora, crítica, múltipla, transformadora, e, por que não, embusteira, do ser humano.

O espaço de estudo e (inter)orientação no grupo de pesquisa que coordeno, o espaço das aulas e a ação de formação continuada de professores no PROALE[3] nos têm levado a materializar com clareza como apagamos cosmologias diferentes das nossas, novamente pensando em Jano. Têm nos levado a observar a importância política de pensar o

---

[3] Programa de Alfabetização e Leitura, Faculdade de Educação da Universidade Federal Fluminense, voltado prioritariamente para ações de extensão.

que podemos/devemos ensinar nos espaços educativos, em fina sintonia com o que aprendemos com os alunos: o modo como eles são contribui para refletirmos sobre como somos nós. A importância de ouvir o outro e de ouvir os silêncios dos outros, e o valor desses silêncios. O *arareko* de cada um, para lembrar o estudo de Renata Castro sobre os guarani-mbyá, que preservam as marcas sociais e culturais mais fortes da vida simbólica, o modo de ser, a ideologia do cotidiano, que nos marca vida afora. Ou as mulheres mineiras egressas da EJA, moradoras de Duque de Caxias (RJ), do estudo de Marta Lima de Souza, e também os assentados do Assentamento Palheiros I, de Açu (RN), do estudo de Inez Helena Muniz Garcia. Todos nos dão novas dimensões de nossa humanidade. E lembrando Quintana (1977), somos o homem afogando os problemas, caninha após caninha, num bar, e somos o homem que vem "desde o princípio do mundo, lá do fundo das cavernas, depois de pintar nas suas paredes, com uma habilidade hoje perdida, aqueles animais que vemos nos álbuns, milagre de movimento e síntese".

Perguntamos, nessa direção, sobre a nossa ação em resposta ao direito que todos têm à educação e sobre o dever que o Estado tem de garanti-la com qualidade – quem pode deve promovê-la, tem o dever de; e quem precisa, tem direito, como diria Bergson (1978). Compreender, então, a escola dentro da realidade política de sua totalidade, com o papel de organização, produção e socialização do conhecimento de caráter universal, em relação dialógica com os diferentes conhecimentos que se produzem socialmente em coletivos específicos.

As especializações do conhecimento que o fragmentam, fragmentando o ensino, se voltam para o aprendizado de técnicas que instrumentalizam os sujeitos que vivem os processos escolares, ao mesmo tempo que fragilizam os alunos e os professores como cidadãos, seres humanos, alienando e desresponsabilizando ambos por colocá-los no lugar da carência. E nos fragilizam e nos desqualificam também, como professores que formam professores, pela "incapacidade" de apresentar bons profissionais para o mercado. Propostas de educação que nos caem na cabeça, cada vez mais alienadas de seu sentido histórico-cultural, porque modeladas por entidades internacionais, que dão instruções sobre métodos de ensino, padrões de medição de qualidade e de monitoramento da aprendizagem, de modo exógeno, alheias às demandas e necessidades sociais nacionais.

Dessa forma, o movimento interativo, o clima de debate e o interesse pela esfera pública, comum, têm sido substituídos pela competitividade e pela atividade para si. De acordo com Bakhtin, o individualismo é uma forma ideológica particular, caracterizando-se por uma orientação social sólida e afirmada, cuja consciência do próprio valor vem do exterior, da explicitação do *status* social, da defesa pela lei e por toda a estrutura social de um bastião objetivo, a posição econômica individual do sujeito (cf. BAKHTIN/VOLOCHÍNOV, 1988, p. 117). O que só nos empobrece.

A educação, a escola, é um dos lugares de viver a transformação ideológica que é "justamente um conflito tenso no nosso interior pela supremacia dos diferentes pontos de vista verbais e ideológicos, aproximações, tendências, avaliações" (BAKHTIN, 1998, p. 146). É um importante lugar para enredarmos e adensarmos nossos fatores biográficos e biológicos da ideologia do cotidiano a sistemas complexos de conhecimento. E a esperança ativa e o olhar político parecem indicar como resposta responsável a educação integrada à cultura e à história, a educação apreciadora da arte, apreciando a nós mesmos. Não falo de educação artística, nem de educação com arte e de outras ligações. Como escreveu Jean Dubuffet: "A arte não se deita nas camas que são preparadas para ela".[4]

---

[4] Lido em *Arte e política devem sempre manter distância?*, de Sebastian Smee, publicado em *The Guardian*. Tradução de Alexandre Moschella. O Estado de São Paulo - 30/03/2003.

Passo, então, à apresentação do texto de uma peça de teatro, ainda que de longe, e aos pedaços, e sem a encenação tão importante. Acredito que o texto, pela sua expressão, e pelo tanto que nós lutamos com as palavras, possa contribuir para arrematar a minha exposição.

Novas Diretrizes em Tempos de Paz é uma peça teatral escrita por Bosco Brasil (2007).[5] Na sinopse da Wikipedia se lê:

> O texto, cuja ação se passa durante a ditadura de Getúlio Vargas, já no final da Segunda Guerra Mundial, narra a história de um judeu polonês, refugiado de guerra. Tentando conseguir seu visto de entrada no Brasil, acaba interrogado por um agente alfandegário e ex-torturador da polícia política de Vargas na sala de imigração do porto do Rio de Janeiro em abril de 1945, gerando um grande embate ideológico que discute a condição humana e os horrores do preconceito político e racial, onde cada oponente procura buscar e negar suas diversas identidades.

As lembranças dos dois homens vão surgindo ao longo do interrogatório, marcadas por histórias fortes de suas diferentes experiências de vida. Esse diálogo revela a fragilidade e a força do ser humano, uma verdadeira queda de braço. O apito rouco e insistente de um cargueiro que se prepara para zarpar modula as pressões do funcionário da alfândega sobre o imigrante polonês. Clausewitz procura se aproximar de Segismundo falando com interesse sobre seu conhecimento de latim na escola, obtido com o Prof. Cracowiak, e de seu pouco conhecimento de português, aprendido com um funcionário do consulado. Nada desse assunto ecoa em Segismundo.

Clausewitz se apresenta como agricultor, argumentando: "O seu país precisa de braços para a lavoura...". Após algum

---

[5] Texto da peça na íntegra em <http://pt.wikipedia.org/wiki/Novas_Diretrizes_em_Tempos_de_Paz>, que também está publicada em livro (ver "Referências", ao final do artigo).

tempo, considerando que Clausewitz não tem calo nas mãos (como seria de se esperar num agricultor), fala bem o português, mas nunca esteve no Brasil, e não tem nenhuma bagagem, Segismundo resolve indeferir a entrada do polonês. Diz que prefere não correr o risco: Clausewitz pode ser um nazista tentando entrar no Brasil. Na continuidade do embate, forçado pela situação, Clausewitz revela que é ator.

SEGISMUNDO – O senhor é ator? Ou é agricultor?

CLAUSEWITZ – Eu decidi ser agricultor. Eu não quero mais saber do Teatro. O senhor acha que tem lugar para o Teatro no mundo, depois desta Guerra?

SEGISMUNDO – Eu nunca fui ao teatro. Ouvi pelo rádio, uma vez. Uma história de uma mulher que assina umas promissórias. Depois vai embora de casa. Não entendi muito bem. Não tinha a ver com a minha vida.

CLAUSEWITZ – É o que eu estava dizendo. O mundo que eu vi... O Teatro nunca vai falar do mundo que eu vi. O senhor não imagina o que é uma guerra dentro da sua própria casa.

SEGISMUNDO – (impaciente) É. Todos vocês dizem isso.

CLAUSEWITZ – "Vocês"? Quem?

SEGISMUNDO – Os estrangeiros.

CLAUSEWITZ – Mas eu vi coisas que o senhor nem pode imaginar!

SEGISMUNDO – (impaciente) Escute. Se o senhor tivesse alguma bagagem, alguma coisa para dar aos rapazes aí da alfândega... Um presente. Assim era muito mais fácil. Mas o senhor não tem nada.

CLAUSEWITZ – Tenho as minhas lembranças.

SEGISMUNDO – Isso não vai ajudar o senhor. Para mim não quer dizer nada a sua guerra. Todos vocês querem me fazer chorar.

CLAUSEWITZ – "Vocês"? Os estrangeiros? Os estrangeiros querem fazer o senhor chorar?

SEGISMUNDO – Perda de tempo. O que vocês podem me contar que me cause alguma emoção diferente? É como o Teatro que eu ouvi no rádio...

CLAUSEWITZ – O teatro não pode tocar o senhor. Estou de acordo. Não, depois desta guerra. Mas as lembranças... Eu vivi estas lembranças. Foi... Foi um tempo difícil.

SEGISMUNDO – O Brasil mandou tropas. Fizeram tanto escarcéu nas ruas que o Presidente mandou. Estamos com as contas em dia.

CLAUSEWITZ – É diferente. Não estou falando da guerra dos soldados. Estou falando da Guerra que entrou na minha casa! (tempo) O senhor não tem ideia do que uma pessoa pode fazer com outra pessoa.

SEGISMUNDO – Está bem: vocês mataram, vocês violaram as suas virgens, vocês comeram carne dos mortos. Eu sei. Todos você me contam a mesma coisa! Eu, eu digo: e daí? Isso foi lá na Europa. Por que isso deveria me dizer respeito?

CLAUSEWITZ – Porque o senhor também é uma pessoa. É um sujeito!

O navio apita mais uma vez. Pausa. Segismundo pega um salvo-conduto e o assina. (p. 85-87)

O burocrata propõe um desafio ao ator, considerando que o navio zarparia em 10 minutos: "O senhor tem esses dez minutos para me fazer chorar".

CLAUSEWITZ – Fazer o senhor chorar?

SEGISMUNDO – Isso. Me conte suas histórias da Guerra. Se eu não chorar nos próximos dez minutos por causa das suas lembranças, o senhor embarca no navio. Se eu chorar... Está vendo este salvo-conduto? É seu.

CLAUSEWITZ – Isto está no regulamento?

SEGISMUNDO – Para o senhor, agora, eu sou o regulamento.

Segismundo pressiona Clausewitz com o apito do navio, com o tempo, com o fato de Clausewitz ter dito que era ator. Clausewitz se dá conta da dificuldade de relatar suas dramáticas lembranças em língua estrangeira que conhece pouco. Começa a falar oprimido pelo tempo e pelo agente da alfândega. Este, aos poucos, começa a "emprestar" algumas palavras a Clausewitz, enquanto começa também a relembrar do período em que fez parte da Polícia Política de Vargas e realizava "serviços". Sem emoção, relata, ao ser interrogado por Clausewitz, sobre o tipo de serviço:

> SEGISMUNDO – Fazer aquele pessoal falar. Às vezes não queriam nem que aquele pessoal falasse. Era só dar um susto. Sabe, eu sempre gostei de dar um bom susto. (tempo) É... Enquanto precisaram de mim eu fiz muita coisa para eles. (sem qualquer emoção) Cansei de ver o sujeito chegar de cinquenta dias sem ver o sol, mijando na mesma bacia esse tempo todo, e ainda ter de ficar mais vinte horas de joelhos. Os meus rapazes raspavam os pelos do corpo do sujeito, davam uns beliscões e se divertiam atirando uma lata no topo da cabeça dele. Quando caía de cara no chão, aí sim, aí era hora de começar. Eu puxava o sujeito pelos cabelos e não deixava ele dormir. Queimava o corpo inteiro do sujeito com ponta de cigarro, até no saco. Depois jogava óleo de rícino em cima. Batia com o cassetete até não enxergar mais o rosto do detido. [...] Quando acordava pedia para assinar o depoimento. (tempo) No Brasil tudo tem que terminar num depoimento assinado. Como este aqui.

Clausewitz se espanta com o que ouve, pois não imaginava que essas coisas pudessem ser ditas em português. "Para mim o Português era um latim falado por bebês, velhinhos... pessoas que não tivessem dentes! Se essa gente tivesse dentes, como poderiam ter perdido tantas consoantes?" e "Eu que achava que o Português era uma língua falada por gente com dotes de análise e síntese" (p. 92), revelando mais uma vez sua visão estrangeira da língua portuguesa e do país.

Clausewitz pergunta sobre os motivos das ações de Segismundo, e este responde, afirmando que o sujeito não havia lhe feito nada: "Eu fazia tudo o que me mandavam fazer. Foi

assim desde o tempo do orfanato. [...] Eu sempre fiz tudo o que me mandaram fazer" (p. 93).
Clausewitz se insurge:

> CLAUSEWITZ – (irritado) Por que vocês fazem tudo que mandam?
>
> SEGISMUNDO – "Vocês"?...
>
> CLAUSEWITZ – Homens como o senhor. Homens como o senhor me fizeram odiar o idioma alemão. Eu amava Goethe! Agora não posso mais ouvir uma linha do Fausto.
>
> SEGISMUNDO – Quem? Do que o senhor está falando?
>
> CLAUSEWITZ – De teatro!
>
> SEGISMUNDO – Eu tinha entendido que o senhor agora era um agricultor.
>
> CLAUSEWITZ – Eu sou um agricultor! Mas eu sou um agricultor no Brasil. Eu tenho que falar a língua que se fala aqui! E o senhor está me fazendo odiar o Português!
>
> *O navio apita. Segismundo olha o relógio.*
>
> SEGISMUNDO – No Brasil nós falamos português... (p. 93-94)

Na sequência, Segismundo fala friamente de outras atrocidades. Clausewitz começa a relatar o momento em que os alemães cruzaram a fronteira do seu país e como passou a ser a sua vida: "Vivendo enquanto eu presenciava todo o horror. Porque era a única coisa que eu podia fazer: estar presente. E guardar na memória" (p. 95). Fala da morte do professor Cracowiak, de quando encontraram o corpo de seu pai, que havia se suicidado, de amigos metralhados na tentativa de fuga, de sua mulher que deixou no hospital em Paris, esperando para morrer. Segismundo continua impávido, e olhando o relógio, pergunta se Clausewitz havia desistido. Clausewitz diz que já havia desistido de muita coisa na vida, e continua perturbado com o fato de que no Brasil as pessoas obedeçam ordens. Segue-se um forte embate sobre qual dos dois é melhor ou pior, e Clausewitz afirma ser o pior, justificando:

CLAUSEWITZ – Não. Eu sei que eu sou pior que o senhor. Eu escapei. Eu estou vivo. E todos estão mortos: meus amigos, meus pais, meu país... minha mulher... Se eu estou vivo é porque eu errei. É porque eu era pior que eles. Eu sou pior que o senhor, tenho certeza. (p. 97)

SEGISMUNDO – (tempo) Deve ser difícil pensar que nós somos iguais. O senhor pode aceitar que é pior do que eu. Mas não pode aceitar que nós somos iguais.

CLAUSEWITZ – Eu cometi um crime monstruoso. Eu estive presente. E não fiz nada. Eu sobrevivi.

SEGISMUNDO – (pausa) Eu também. Por isso meu padrinho me afastou para este posto. Ele diz que é preciso esperar um pouco as coisas se acalmarem. Logo vem o armistício. Logo vêm as novas diretrizes para tempos de paz. (tempo) Eu sei que ninguém quer saber de mim. Eu fiz o que eles mandaram e eles querem esquecer que mandaram fazer o que eu fiz.

CLAUSEWITZ – E o senhor cumpriu ordens...

Segismundo inicia o seu relato dizendo que cumpriu ordens "sem pestanejar". Somente uma vez havia coberto o rosto. Fala de um acidente sofrido por ele e pela irmã, em que ela ficara entre a vida e a morte. Foi salva por um médico, um cirurgião. Anos mais tarde, mandaram-lhe quebrar os ossos da mão de um médico que estava preso – era o médico que havia salvado sua irmã. "Quebrei osso por osso das mãos do médico que salvou a vida da minha irmã" (p. 98).

CLAUSEWITZ – Por que você fez uma coisa dessas?

SEGISMUNDO – Porque eu sou pior que o senhor.

Silêncio.

[...]

SEGISMUNDO – De uns tempos para cá eu não posso olhar para minha irmã que eu vejo nos olhos dela os olhos daquele médico. Que raiva que eu tenho dele, senhor Clausewitz... Que raiva...

O navio apita várias vezes. Segismundo se volta para a máquina de escrever e começa a bater o depoimento de Clausewitz. Tempo. (p. 98-99)

Clausewitz ganha tempo dizendo que ainda não havia relatado como o professor Cracowiak havia morrido. O navio já vai zarpar. E começa a relatar agitadamente as palavras finais do professor Cracowiak:

"Ai, pobre de mim! Ai, infeliz! Aqui estou para entender, ó Deus, já que me tratas assim, que crime cometi contra vós nascendo? Mas se nasci já compreendo que crime cometi... Aí está motivo suficiente para vossa justiça e rigor, porque o crime maior do homem é ter nascido".

Segismundo estremece. E passa a prestar atenção ao que diz Clausewitz.

CLAUSEWITZ – (toma coragem) "Só queria saber, para apurar meus cuidados – além do crime de nascer – que outros crimes cometi para me castigares ainda mais? Não nasceram também todos os outros? Pois se os outros nasceram, que privilégios tiveram que jamais gozei? Nasce a ave, e, embelezada por seu ricos enfeites, não passa de flor de plumas, ramalhete alado, quando, cortando veloz os salões aéreos, recusa piedade ao ninho que abandona em paz. E eu, tendo maior alma, tenho menos liberdade? Nasce a fera, e, com a pele respingada de belas manchas, lembrando as estrelas – graças ao douto pincel – logo, atrevida e feroz, a necessidade humana lhe ensina a crueldade, monstro de seu labirinto. E eu, com melhor instinto, tenho menos liberdade? Nasce o peixe, que nem respira, aborto de ovas e lodo, e, feito um barco de escamas sobre as ondas, seu espelho, gira por toda parte, exibindo a imensa habilidade que lhe dá o coração frio; e eu, com mais escolha, tenho menos liberdade? [...] Que lei, justiça ou razão pôde recusar aos homens privilégio tão suave, exceção tão única, que Deus deu a um cristal, a um peixe, a uma fera e a uma ave?"

Silêncio. Segismundo está chorando. E deixa cair uma lágrima sobre o salvo-conduto.

SEGISMUNDO – Merda. Borrei seu salvo conduto.

CLAUSEWITZ – (tempo) O "meu" salvo-conduto?

SEGISMUNDO – O pior é que eu não entendi nada do que o sujeito disse... (entrega o salvo-conduto) Tome. Eu cumpro minhas promessas. E pode esquecer este depoimento... Hoje, no Brasil, ninguém vai assinar depoimento algum! Agora pode ir.

CLAUSEWITZ – (tempo) O senhor não vai me levar de volta ao navio?

SEGISMUNDO – O Brasil precisa de braços para a lavoura. Pode ir, eu já disse.

Clausewitz pede a atenção de Segismundo para lhe contar "uma coisa" sobre o que acabara de contar: "Nem tudo é verdade...".

CLAUSEWITZ – Eu vi o professor Cracowiack morrer. Mas ele não disse nada disso que eu disse que ele disse. O professor Cracowiack passou as últimas horas da sua vida me explicando como se prepara um mingau que só fazem no vale onde nasceu.

SEGISMUNDO – (tempo) E o que era todo aquele monte de palavras?

CLAUSEWITZ – Teatro.

SEGISMUNDO – Teatro?

CLAUSEWITZ – Um monólogo de uma peça de um autor espanhol. Eu recitei esse monólogo todas as noites durante um ano...

SEGISMUNDO – Isso não está certo. Eu disse que o senhor tinha que me fazer chorar com as suas lembranças.

CLAUSEWITZ – Eu forcei a minha memória e só lembrei de trechos de peças nas quais eu atuei. Eu me lembro dos alemães cruzando a fronteira do meu país. Mas me lembro também da primeira vez em que li um autor espanhol.

SEGISMUNDO – Isto não está certo, senhor Clausewitz! Eu não devia deixar o senhor sair desta sala.

CLAUSEWITZ – Mas eu ganhei a aposta. O senhor chorou. Olhe aqui o salvo-conduto manchado com as suas lágrimas.

SEGISMUNDO – Foi o seu Teatro que me fez chorar! Foi a merda do seu Teatro que me fez chorar!

CLAUSEWITZ – (pensa) É... Foi. Foi o Teatro.

SEGISMUNDO – O que o senhor acha que provou para mim?

CLAUSEWITZ – Nada. Para o senhor eu não provei nada. Eu provei para mim mesmo. Olha, eu sei que o Brasil precisa de braços para a agricultura, mas eu sou ator. Esta é a minha profissão. Eu ainda não sei para que serve o Teatro no mundo depois da Guerra. Só sei que eu tenho que continuar a fazer o que eu sei fazer. Um dia alguém vai saber para que serve. Se serve. Para mim me basta fazer. Fazer teatro. É como a receita do mingau do professor Cracowiack. Alguém precisa saber como se faz esse mingau...

SEGISMUNDO – Saia da minha sala, o senhor, o teatro e o mingau.

Na saída de Clausewitz da sala, Segismundo volta a chamá-lo, querendo saber sobre a história do autor espanhol. Clausewitz reinicia sua história, que se passa na Polônia.

CLAUSEWITZ – Se passa na minha terra. Como eu dizia... disfarçada em homem, Rosaura chegava durante a noite à Polônia, acompanhada por Clarin, decidida a vingar sua honra, quando dá com uma estranha torre. De dentro, então, sai um homem envolto em peles e acorrentado. Sabe como se chama esse homem? Você não vai acreditar. Segismundo.

SEGISMUNDO – Está falando sério?

CLAUSEWITZ – Segismundo olha para o céu... e diz...

Contando com toda a atenção de Segismundo, o senhor Clausewitz segue a contar a trama de A Vida é Sonho...

E a peça termina.

Mesmo a cena aqui improvisada, pela leitura entrecortada de partes do texto da peça, pode nos levar a emoções, pensamentos, pessoas e histórias insondáveis. Como sobrevivemos às tensões que atravessam nossa vida? Aos preconceitos político, étnico, linguístico e outros? A arte reflete a experiência da vida, a luta e a condição do homem. A superação do impasse dos dois homens se dá na trama ideológica de um processo exotópico em que se aproximam, se afastam, contrapondo-se e identificando-se. A peça fala do próprio teatro e de seu poder transformador e libertador. Considerações de Bakhtin sobre a construção do romance de Dostoiévski se mostram pertinentes, como quando escreve que "no plano da atualidade confluíam e polemizavam o passado, o presente e o futuro" e quando analisa que o caminho do trabalho "se desenvolve como posicionamentos humanos". Na composição da peça, pensar implica interrogar e ouvir, experimentar posicionamentos, combinando uns e desmascarando outros, de forma semelhante à análise do universo de Dostoiévski, por Bakhtin (2002, p. 95-98). As mesmas palavras tornam-se estranhamente desconhecidas entre os sujeitos, como a surpresa de ouvir o enunciado "Vocês", tanto por um quanto por outro personagem, ou em produzir diferentes sentidos, na rede de relações de seus universos de referências. Os homens parecem acreditar, entretanto, que os sentidos estejam legitimamente estabilizados pelo viés da língua. Tanto forças centrífugas quanto forças centrípetas são postas em ação nos enunciados concretos dos sujeitos, não há fatalidades que não possam ser questionadas.

Pensar a política como ação responsiva é aproximar a educação da cultura, da arte, no sentido da formação política, profissional e humana. Provocar relações sociais, de modo que as pessoas se inscrevam, se instituam, se escrevam, reconhecendo-se coletivamente, argamassadas como elas mesmas na direção de outras, e como outras, na direção de si mesmas. Podemos pensar que a escola seja o lugar de viver a milenar inquietação do mundo, de novo chamando Quintana, e de viver e planejar novas formas criadoras de estar no mundo.

Nem política como arte, como queria Platão, subjugando-a, nem arte como política, o que também a subjugaria, normatizando-a. O fato de tentarmos uma aproximação entre política, arte e educação tem o sentido aqui de responder de modo responsável ao direito de todos ao conhecimento como ato criador. É na compreensão "que a resposta responsável amadurece" (1998, p. 90), para fechar com Bakhtin. Penso que nós também devemos, como Clausewitz, continuar a fazer o que sabemos fazer: uma educação politicamente responsável. Não é à toa que estamos aqui reunidos. Hoje é domingo.

Referências

BAKHTIN, Mikhail (Volochínov, V.) *Marxismo e filosofia da linguagem.* Tradução de Michel Lahud e Yara Frateschi Vieira. São Paulo: Hucitec, 1988. Original russo, 1929.

BAKHTIN, Mikhail. *Estética da criação verbal.* Introdução e tradução do russo de Paulo Bezerra. 4. ed. São Paulo: Martins Fontes, 2003. Original russo, 1979.

BAKHTIN, Mikhail. *Questões de literatura e de estética. A teoria do romance.* Tradução de Aurora Fornoni, José Pereira Jr. *et al.* 4. ed. São Paulo: Unesp: Hucitec, 1998. Original russo, 1924.

BAKHTIN, Mikhail. *Problemas da poética de Dostoiévski.* Tradução de Paulo Bezerra. Rio de Janeiro: Forense Universitária, 2002. Original russo, 1929.

BERGSON, Henri. *As duas fontes da moral e da religião.* Tradução de Nathanael C. Caixeiro. Rio de Janeiro: Zahar, 1978. Original francês, 1932.

BRASIL, Bosco. *Cheiro de chuva: novas diretrizes em tempos de paz.* São Paulo: Aliança Francesa – Consulado geral da França em São Paulo; Imprensa oficial do Estado de São Paulo, 2007. Coleção Palco sur scène. Edição bilíngue: textos em português e francês.

CASTRO, Renata P. *A formação dos agentes indígenas de saúde guarani mbya: nhandereko, arandu e texa.* 2011. Dissertação (Mestrado em Educação). Faculdade de Educação, Universidade Federal Fluminense, Rio de Janeiro, 2011.

GARCIA, Inez Helena M. Um lugar *chamado Palheiros: Trabalhadoras e trabalhadores em processo de alfabetização num assentamento do Movimento dos Trabalhadores Rurais Sem Terra/RN*. Projeto de pesquisa para tese de doutorado. Programa de Pós-Graduação em Educação, Universidade Federal Fluminense, Rio de Janeiro, 2008.

OXFORD English Dictionary, Second Edition on CD-ROM [v. 4.0], Oxford University Press, 2009.

QUINTANA, Mário. *A vaca e o hipogrifo*. Porto Alegre: Garatuja, 1977.

SOUZA, Marta Lima. *Os sentidos da escrita para mulheres adultas: família, religião e trabalho*. 2011. Tese (Doutorado em Educação). Programa de Pós-Graduação em Educação, Faculdade de Educação, Universidade Federal Fluminense, Rio de Janeiro, 2011.

VOLOSHINÓV, V. V. ¿Qué es el lenguaje? *In*: SILVESTRI, Adriana; BLANCK, Guillermo. *Bajtín y Vigotski: la organización semiótica de la conciencia*. Barcelona: Anthropos, 1993. p. 217-243.

TORRINHA, Francisco. *Dicionário latino-português*. 3. ed. Porto: Edições Maranus, 1945.

WEBSTER's Third New International Dictionary of the English Language, Mass., USA, 1993.

Implicações de ser no mundo e responder aos desafios que a educação nos apresenta

Maria Teresa de Assunção Freitas

Escrevo este texto a partir do lugar no qual me situo: o de educadora. É esse o meu ofício ao longo de mais de trinta anos vividos no embate com a tarefa de ser professora. Tempo esse marcado com muitas histórias de sucessos e insatisfações, sonhos e realidades, esperanças e frustrações, momentos de realizações e de impotência. Mas foram essas histórias e meus encontros com seus personagens que me fizeram professora. Profissão que me marca como pessoa e da qual não posso me afastar, me aposentar. O que serei eu sem meus alunos que me constroem a cada dia? Como viver sem esses olhares jovens inquietos, cheios de indagações, olhando de frente para a vida mas precisando de ter ao seu lado um outro que já percorreu mais estradas, para acompanhá-los?

Vejo que é meu cronotopo, tempo e espaço vividos, que diante da nova experiência de minha recente aposentadoria, me leva à escolha dessas palavras iniciais e me dirige para o tema deste texto. Tema que está enraizado em mim, faz parte do meu eu. Trago comigo tantas palavras alheias: as daqueles que foram meus professores, dos autores que me orientam, das diversas gerações de alunos (crianças, adolescentes, jovens, adultos) que por mim passaram, dos colegas com os quais partilhei o ofício, dos autores das leis que normatizaram sobre a educação neste país, que ditaram as diferentes reformas educacionais pelas quais passei.

Enfim é deste lugar e deste momento que vou falar sobre as implicações de ser no mundo e responder aos desafios que a educação nos apresenta. Saio à procura do que Bakhtin tem a me dizer. Procuro rever seus textos em busca de suas palavras, de suas respostas para enfrentar esse tema. Ler Bakhtin e principalmente escrever sobre suas ideias é algo que exige profunda reflexão e tempo de maturação. Fazer esse percurso de leitura por entre textos da obra de Bakhtin significa revisitá-los pela terceira, quarta, ou quem sabe vigésima vez, mas essa viagem se constitui para mim algo prazeroso e instigante. Reservo um tempo tranquilo e me dedico ao ato de mergulhar no mundo das palavras bakhtinianas. Bakhtin é um autor que sempre se renova. Ou melhor, encontro sempre novos elementos em seus textos. A cada leitura que faço de um texto seu, novos sentidos emergem.

O próprio autor, em reposta a uma pergunta da revista *Nova Mir*, explicita esse paradoxo das grandes obras que em seu "processo de vida *post mortem* [...] se enriquecem com novos significados, novos sentidos; é como se estas obras superassem o que foram na época de sua criação." (BAKHTIN, 2003, p. 363). E prossegue: "O autor é um prisioneiro de sua época, de sua atualidade. Os tempos posteriores o libertam dessa prisão" (p. 364). Isto é, uma grande obra, como a de Bakhtin, revela sua plenitude na grande temporalidade. Por isso, estudar Bakhtin hoje, trazê-lo para a contemporaneidade significa atualizar seus conceitos no diálogo com o que nos confronta o tempo presente.

Leio Bakhtin e com suas palavras olho para o presente que nos circunda, com ele dialogando. O ato de escrever é ainda mais complexo do que o ato de ler, pois tenho que, com as minhas palavras, trazer os dizeres do autor, os sentidos por mim construídos na interlocução com ele. E é difícil passar para a escrita todo o vivido e experimentado. Assumo, no entanto, o risco dessa empreitada selecionando alguns fragmentos que mais me mobilizaram sem pensar em esgotar a riqueza de tudo que foi dito. Esses fragmentos resultaram da busca de respostas sobre o que Bakhtin nos diz sobre educação. Não encontro na obra de Bakhtin nada específico em relação à educação, mas ao mesmo tempo, encontro tudo nas palavras escritas em seus textos.

Primeiro fragmento: Professor e aluno nas relações de ensino-aprendizagem

Como professora que sou, meu olhar, em um primeiro movimento, busca nos escritos de Bakhtin elementos para compreender algo que confronta a mim e aos meus colegas: a questão da aprendizagem escolar. O que é a aprendizagem? Como o aluno aprende ou por que não aprende? Qual o papel do professor no processo de ensino-aprendizagem? Que relação se estabelece entre o professor e seus alunos?

Bakhtin não me responde essas questões diretamente, mas seus textos me possibilitam compreender a relação professor-aluno como uma relação dialógica em que se enfrentam dois sujeitos em um processo de construção compartilhada do conhecimento. Dessa forma, pode-se compreender o ensino e a aprendizagem como partes de um mesmo processo que se desenvolve na dialética das interlocuções entre seus diferentes atores. Bakhtin não tem propriamente uma definição de aprendizagem, mas dedica em vários de seus textos um espaço para a discussão da compreensão. Sua forma de abordar a compreensão me dá elementos para relacioná-la com a aprendizagem. O autor distingue duas formas de compreensão. A *compreensão passiva* é aquela que se detém apenas da decodificação de um sinal e exclui a possibilidade de uma resposta. Permanecendo passiva, não traz nada de novo para a compreensão do discurso, ela apenas o dubla, reproduzindo-o, ficando prisioneira dos limites de seu contexto, não rompendo a independência de expressão e sentido. O que importa realmente é a *compreensão ativa*, que já deve conter em si um germe de resposta. A resposta, como um princípio ativo, cria o terreno favorável à compreensão de maneira dinâmica e interessada. A compreensão amadurece apenas na resposta. Compreensão e resposta se fundem dialeticamente sendo impossível uma sem a outra (BAKHTIN, 1993).

> Compreender a enunciação de outrem significa orientar-se em relação a ela, encontrar o seu lugar adequado no contexto

correspondente. A cada palavra da enunciação que estamos em processo de compreender, fazemos corresponder uma série de palavras nossas, formando uma réplica. Quanto mais numerosas e substanciais forem, mais profunda e real é a nossa compreensão (BAKHTIN/VOLOCHÍNOV, 1988, p. 132).

Nesse sentido a compreensão se constitui como uma forma de diálogo, no qual compreender é opor à palavra do outro uma contrapalavra. Assim, a significação só se realiza nesse processo de compreensão ativa e responsiva que supõe dois sujeitos, todos com direito a voz. Essa compreensão ativa é criadora, pois, completa o texto do outro, tornando-se um processo de cocriação dos sujeitos. Para Bakhtin (2003), o sujeito da compreensão não pode excluir a possibilidade da mudança e até mesmo a renúncia de pontos de vista já consolidados. "No ato da compreensão desenvolve-se uma luta cujo resultado é a mudança mútua e o enriquecimento" (BAKHTIN, 2003, p. 378).

O autor continua a desenvolver sua reflexão lembrando que as palavras são a parte constitutiva desse processo compreensivo. Para cada pessoa as palavras se dividem em palavras próprias e alheias. Além de suas próprias palavras, o sujeito vive imerso nas palavras do outro.

> E toda a minha vida [...] é uma reação às palavras do outro (uma reação infinitamente diversificada), a começar pela assimilação delas (no processo inicial do discurso) e terminando na assimilação das riquezas da cultura humana (expressas em palavras ou em outros materiais semióticos). A palavra do outro coloca diante do indivíduo a tarefa especial de compreendê-la (BAKHTIN, 2003, p. 379).

Nesse processo compreensivo desenvolve-se uma tensa luta dialógica entre as palavras próprias e as alheias. A princípio o sujeito incorpora a palavra do outro que se transforma dialogicamente em "minhas-alheias-palavras" com a ajuda de outras "palavras-alheias", para depois se tornar, de forma criativa, minhas palavras com a retirada das aspas.

Considero que a etapa final do processo de ensino-aprendizagem acontece com essa internalização da palavra do outro, que se transforma em palavra pessoal. Há, portanto, um processo de apropriação, de tornar próprio o que a princípio foi construído com o outro. O objetivo dessa apropriação da palavra do outro adquire um sentido importante no processo de formação ideológica do homem, portanto também no processo formativo do professor.

Ao apresentar a palavra de outrem como definidora das bases de nossa atitude ideológica em relação ao mundo e ao nosso comportamento, Bakhtin (1993) introduz essas duas modalidades: a *palavra autoritária* e a *palavra internamente persuasiva*. A *palavra autoritária* se impõe a nós, exige nosso reconhecimento e emana da autoridade. Ela é monossêmica, rígida, tornando-se difícil modificar seus sentidos. Exige nosso reconhecimento incondicional, e não uma compreensão ativa. A palavra autoritária não se representa, mas apenas se transmite. Ao contrário, a *palavra internamente persuasiva* se entrelaça com a nossa palavra, tornando-se metade nossa, metade de outrem. Ela organiza do interior a massa de nossas palavras e estabelece um relacionamento tenso e conflituoso com as nossas outras palavras interiormente persuasivas. Ela desperta nosso pensamento e nossa palavra autônoma. São peculiaridades da *palavra internamente persuasiva*: o inacabamento do sentido para nós, sua possibilidade de prosseguir, sua vida criativa no contexto de nossa consciência ideológica, de nossas relações dialógicas com ela.

> Nós a introduzimos em novos contextos, a aplicamos a um novo material, nós a colocamos numa nova posição, a fim de obter dela novas respostas, novos esclarecimentos sobre seu sentido e novas palavras "para nós" (uma vez que a palavra produtiva do outro engendra dialogicamente em resposta uma nova palavra nossa) (BAKHTIN, 1993, p. 146).

Esse processo de luta com a palavra alheia e sua influência é muito importante na história da formação da consciência individual. Uma palavra, uma voz que é minha, mas nascida de outrem, ou dialogicamente estimulada por ele, mais cedo ou mais tarde começará a se libertar do domínio da palavra do outro.

Até que ponto o professor ao se fixar nas palavras autoritárias impede a compreensão, a aprendizagem dos alunos? Como as palavras do professor dirigidas a seus alunos podem se tornar internamente persuasivas? Como o professor poderá estabelecer no processo de ensino-aprendizagem relações dialógicas com seus alunos de modo que se libertem das palavras alheias e construam as suas?

Segundo fragmento: Como Ser no mundo e responder ao que ele nos confronta?

Continuando meu exercício de escrever, volto-me para o que encontro em um texto do jovem Bakhtin: "Para uma filosofia do ato responsável" (2010). Neste texto também não há respostas diretas à questão que formulei: quais as implicações de ser no mundo e responder aos desafios que a educação nos apresenta? A leitura empreendida, no entanto, me envolve em um processo reflexivo sobre o que é ser no mundo e como responder com o que ele nos confronta. Bakhtin nesse texto estuda a arquitetônica do mundo real do ato realizado. Esse termo "arquitetônica" é próprio de Bakhtin, e ele o usa para explicitar em suas construções teóricas, os seus arcabouços, os seus pilares, que sozinhos, não funcionam como base de sustentação. É na sua dialética que esses pilares formam um todo único, que se constituem como tal. Na arquitetônica do mundo real no qual um ato se desenvolve é importante considerar sua concretude, unidade e os tons emocionais-volitivos. A realidade da unicidade unitária desse mundo é garantida pelo reconhecimento de minha participação única neste mundo, pelo meu *não álibi* nele. Essa minha participação produz um dever concreto, o dever de realizar a inteira unicidade do ser, e isso significa que minha participação transforma cada participação minha (sentimento, desejo, humor, pensamento), em minha própria ação ativamente responsável. Esse mundo me é dado e está disposto em torno de mim, do único centro do qual minha ação flui. Eu me encontro, me relaciono com esse mundo da mesma forma como fluo de dentro de mim na minha ação de ver, pensar ou fazer algo prático. Esse lugar único ativo não é um centro geométrico abstrato, mas um centro concreto, responsável, emocional-volitivo da concreta multiplicidade do mundo. É no interior dessa arquitetônica, que Bakhtin coloca os planos espaciais e temporais em sua unidade concreta e única. Esses planos não apenas adquirem um significado mas uma validade ou eficácia real que é determinada do lugar único da minha participação no Ser-evento. É essa participação real, que parte de um ponto concretamente único no Ser, que engendra o valor real do tempo e do espaço. Abstrair-me desse centro, que é o ponto de partida de minha participação única no Ser leva a minha decomposição. A arquitetônica concreta de um mundo realmente experimentado, nesse caso, é substituída por momentos espaciais e temporais abstratamente universais.

Para Bakhtin "Tudo isso que é assumido independentemente do centro único de valores donde tem origem a responsabilidade do ato, vale dizer sem referimento a esse, se *des-concretiza* e se *des-realiza*: perde o peso valorativo, a necessidade emotivo-volitiva, se torna possibilidade vazia, abstratamente geral [o tempo e o espaço artísticos]." (2010, p. 121).

Vejo que, ao dizer que do lugar único da minha participação no Ser, tempo e espaços unitários são personalizados e trazidos em comunhão com o Ser como momentos constituintes de uma unidade concreta e valorada, Bakhtin (2010) já está iniciando a reflexão que se prolongará, mais tarde, em outros textos, sobre cronotopo. Este vai além do tempo e espaço matemático compreendendo minha participação real no tempo e no espaço, do meu lugar único no Ser que é o que os tornam valorativamente consolidados.

Este meu lugar único no ser não deve, entretanto, ser tomado como uma posição individualista. Na arquitetônica construída por Bakhtin o eu-para-mim, centro do qual flui meu ato realizado dirige minhas possibilidades e meu dever no Ser-evento. É deste meu lugar que posso e devo ser ativo com o dever de realizar meu lugar único. Mas esse lugar único não exclui o outro, pois Bakhtin (2010) diz que a vida conhece dois centros de valor que, embora diferentes, estão mutuamente correlacionados: o eu e o outro. É em torno desses dois centros que todos os momentos concretos do Ser se distribuem e se arranjam.

Complementando a arquitetônica do mundo real do ato realizado, Bakhtin (2010) apresenta uma ideia preliminar da possibilidade de uma arquitetônica valorativa concreta analisando o mundo da visão estética, o mundo da arte. Essa arquitetônica também é uma unidade concreta, pois seu mundo se dispõe em torno de um centro valorativo concreto, que é visto, amado e pensado, que é o homem. Assim, tudo nesse mundo da visão estética adquire significado, sentido e valor em correlação com o homem. Dessa forma, o mundo da visão estética nos aproxima do entendimento do mundo-evento-real.

Na visão estética há um caráter específico, uma direção do olhar, que é dirigido ao centro de valor estético, que é o homem. A atenção interessada é fixada no herói de uma obra independentemente de algum epíteto valorativo positivo. Assim, utilizando-se das palavras de um provérbio russo, Bakhtin (1993b) diz que na visão estética "você não ama um ser humano porque é bonito, mas ele é bonito porque você o ama" (p. 125).

Nessa abordagem do mundo da estética percebe-se que não pode haver relações entre um conceito abstratamente ideal: bom, mau, belo, feio e um objeto concreto. Partindo dessa constatação Bakhtin (2010) afirma que é igualmente ilegítimo abstrair um ser humano de sua realidade concreta. Conclui, portanto, que o centro de valor na arquitetônica-evento da visão estética é o homem como uma realidade concreta afirmada com amor, e não como algo de conteúdo autoidêntico. Nessa compreensão o amor é visto como o único que é capaz de ser esteticamente produtivo, pois o desamor empobrece e decompõe seu objeto.

Em uma outra parte do texto "Para uma filosofia do ato responsável" o autor partindo de um poema do poeta russo Pushkin, *A separação*, apresenta uma análise de forma e conteúdo dessa obra para clarificar a disposição arquitetônica do mundo na visão estética em torno de um centro de valores: o ser humano mortal. Nessa análise Bakhtin trabalha com dois contextos de valor, as duas pessoas ativas no poema e apresenta a discussão da empatia estética e da exotopia. O conceito de exotopia está imerso na sua concepção de tempo e espaço. O lugar único do contemplador, que se situa do lado de fora do evento dos dois personagens, lhe permite o movimento de empatia estética (colocar-se no lugar do outro) e depois o movimento exotópico (voltar ao seu próprio lugar de fora do evento), que lhe permite ver e compreender pelo seu excedente de visão, o que os outros não podem ver. Situado do lado de fora da arquitetônica participo dela como um contemplador ativo pela efetiva exotopicidade do contemplador em relação ao objeto contemplado. Nessa arquitetônica estética não há saída possível para o mundo daquele que age como contemplador, porque ele está situado do lado de fora do campo da visão estética objetivada.

Bakhtin (2010) se volta, em seguida, para a arquitetônica real do mundo realmente experimentado da vida, o mundo da consciência participante e realizadora. Nela ele estabelece a essencial diferença em ter a minha própria unicidade e a de outro ser humano: a diferença entre eu e o outro. "Eu, como eu único, emerjo do interior de mim mesmo, enquanto a todos os outros, eu os encontro – e é nisso que consiste a profunda diferença ontológica do evento" (BAKHTIN, 2010, p. 142).

Procurando sintetizar algumas ideias de Bakhtin encontradas nesse texto, compreendo que o dever arquitetônico de realizar o lugar único no ser-evento-único é determinado antes, e acima de tudo, como uma contraposição entre o eu e o outro. Na teoria bakhtiniana é importante compreender que nessa relação eu-outro, o outro é constitutivo do eu, sem o outro eu não posso Ser.

Enquanto professora, como posso descobrir e compreender o lugar do outro, meu aluno? Se "eu os encontro, dou com eles", o que fazer para que esse encontro seja constitutivo de nossas subjetividades? Como esse encontro me possibilita Ser? Como a estética pode me aproximar da compreensão do mundo como evento concreto real? Como integrar a estética no meu ato de educar?

Terceiro fragmento: Educar como uma ação ativamente responsável

Chego ao final desta minha escrita me reportando ao primeiro texto que Bakhtin escreveu, ainda muito jovem: *Arte e responsabilidade*. Trata-se de um texto pequeno, de pouco mais de uma página, mas muito denso, no qual incita uma importante reflexão ao dizer que "ciência, arte e vida só adquirem unidade no indivíduo que os incorpora à sua própria unidade" (2003, p. XXXIII). Para o autor, o nexo interno entre esses elementos é garantido pela unidade da responsabilidade. Essa afirmação, que é o substrato de tudo o que escreveu depois, coloca como centro de sua atenção as ciências humanas em uma perspectiva ética e estética. Nesse sentido, vejo que para a educação – que tem como objetivo o homem em seu acontecer – conhecimento científico, vida e arte devem estar juntos, não de forma mecânica mas numa unidade tecida na responsabilidade. Conhecimento que parte da vida e para ela deve retornar, arte que responde pela vida e vida que inspira a arte. Compreendo, assim, que ser educador é se responsabilizar por essa integração entre conhecimento, vida e arte. Esse é o desafio que a contemporaneidade nos apresenta. É preciso derrubar os muros das escolas, penetrar na vida, na arte e construir a partir delas, com aquilo que os alunos experienciam, o conhecimento necessário. Um conhecimento marcado pela beleza da imagem, do som, das letras que fazem rir, chorar e encantar. Um conhecimento que não seja algo estéril, meramente reproduzido e memorizado mas algo que problematize, que leve a buscas de novas respostas, que ajude os alunos a compreender e se inserir responsavelmente no mundo em que vivem. Um conhecimento que transforme alunos e professores não em meros repetidores, mas em autores, autores de suas palavras, criadores de novas possibilidades.

Para além dos fragmentos

As palavras de Bakhtin, que escolhi trazer para este texto, nos inserem na reflexão do que ele denomina de Ser-evento-único-responsável. E, diante disso, pergunto: Como isso se revela em minha vida, em minha experiência? Até que ponto essas palavras apenas me seduzem e as repito porque cantam em meus ouvidos e são belas? Até que ponto elas permanecem como coisas apenas ditas, repetidas, mas não vividas? Como fazer para que façam parte de mim em minha unicidade? Como fazer de meus atos respostas a um dever concreto? Como chegar à compreensão ativa de que Ser é se comprometer?

Pensando em como responder essas questões, cada vez mais compreendo que Bakhtin é um autor especial. Ninguém passa por ele impunemente. Ler Bakhtin é me colocar numa situação de compreensão ativa que exige respostas. Ler Bakhtin é superar o momento do conhecimento teórico e integrá-lo a minha vida. É, sobretudo, um exercício de reflexão que não me fecha em mim mesma mas que me abre, me empurra para o outro, para o diálogo.

Referências

BAKHTIN, M. Os estudos literários hoje. *In*: BAKHTIN, M. *Estética da criação verbal*. São Paulo: Martins Fontes, 2003. p. 359-366.

BAKHTIN, M. Arte e responsabilidade. *In*: BAKHTIN, M. *Estética da criação verbal*. São Paulo: Martins Fontes, 2003. p. XXXIII-XXXIV.

BAKHTIN, M. Apontamentos de 1970-1971. *In*: BAKHTIN, M. *Estética da criação verbal*. São Paulo: Martins Fontes, 2003. p. 367-392.

BAKHTIN, M. A pessoa que fala no romance. *In*: BAKHTIN, M. *Questões de literatura e estética*. São Paulo: Ed. UNESP, 1993. p. 134-163.

BAKHTIN, M. *Para uma filosofia do ato responsável*. São Carlos: Pedro e João Editores, 2010.

BAKHTIN, M. (Volochínov). Marxismo e filosofia da linguagem. São Paulo: Hucitec, 1988.

Os autores

Cecilia Maria Aldigueri Goulart

Mestre e doutora em Letras/Linguística Aplicada pela PUC-Rio, é professora da Faculdade de Educação da Universidade Federal Fluminense (UFF), atuando no Curso de Pedagogia, no Programa de Pós-Graduação em Educação e no Programa de Alfabetização e Leitura (PROALE). Seus temas de interesse são: processos de ensino-aprendizagem da língua escrita na alfabetização; o trabalho com a linguagem verbal em espaços educativos a partir da Educação Infantil; processos de produção de textos escritos e processos de constituição de conhecimentos. É vice-presidente da Associação Brasileira de Alfabetização (ABalf) e coordena o grupo de pesquisa Linguagem, Cultura e Práticas Educativas do CNPq.

Elaine Deccache Porto e Albuquerque

Doutora em Psicologia Clínica pela PUC-Rio, é Orientadora Educacional do Colégio Teresiano (CAP/PUC-RIO). Em 2008 defendeu a tese de doutorado em Psicologia *Linguagem e experiência: a singularidade do olhar para o contexto da escola a partir das contribuições de Wittgenstein e Bakhtin*, Psicologia na PUC-Rio.

João Wanderley Geraldi

Mestre e doutor em Linguística pela UNICAMP, foi professor e orientador no programa de Pós-Graduação em Linguística dessa universidade, na qual tornou-se professor titular em 2003 e onde se aposentou. No exterior, deu aulas nas universidades portuguesas do Porto e de Aveiro, e na Universität Siegen, da Alemanha. Atua principalmente nos seguintes temas: análise do discurso, estudos bakhtinianos e ensino de língua portuguesa. É autor de vários livros que têm como foco a teoria de Bakhtin e seu Círculo. Seus dois últimos livros tem o selo da Pedro & João Editores: *Ancoragens: Estudos Bakhtinianos* e *A aula como acontecimento*.

Maria Teresa de Assunção Freitas

Doutora em Educação pela PUC-Rio e mestre em Educação pela UFRJ, é pesquisadora do CNPq e da FAPEMIG. Coordena o Grupo de Pesquisa Linguagem Interação e Conhecimento (LIC), desenvolvendo pesquisas sobre leitura-escrita, tecnologias digitais, cinema e formação de professores e tendo como referencial teórico Vygotsky e Bakhtin e seu Círculo. Professora aposentada da Universidade Federal de Juiz de Fora (UFJF), atua como colaboradora voluntária no Programa de Pós-Graduação em Educação da UFJF. Desde julho de 2012 está como Professora Visitante Nacional Senior (PVNS-CAPES) no Programa de Pós-Graduação em Educação da Universidade Federal de São João del Rei (UFSJ).

Rita Ribes

Possui graduação pela Universidade Federal de Pelotas, mestrado em Educação pela Universidade Estadual do Rio de Janeiro e doutorado em Educação pela PUC-Rio. Atualmente é professora adjunta da UERJ, atuando no curso de Pedagogia e no Programa de Pós-Graduação em Educação. Tem experiência na área da Educação, com ênfase em Educação Infantil, é coordenadora do Grupo de Pesquisa Infância e Cultura Contemporânea e desenvolve pesquisas sobre infância, mídia e cultura do consumo.

Solange Jobim e Souza

Possui graduação em Psicologia pela UFRJ, mestrado em Psicologia Clínica e doutorado em Educação, ambos pela PUC-Rio. Atualmente é professora adjunta da UFRJ e professora associada da PUC-Rio. Tem experiência na área de Psicologia, com ênfase em Psicologia do Desenvolvimento Humano e Psicologia Social, atuando principalmente nos seguintes temas:

infância, juventude, linguagem, subjetividade, educação, cultura, conhecimento e epistemologia das ciências humanas. É pesquisadora do CNPq e da FAPERJ, além de coordenar o Grupo Interdisciplinar de Pesquisa da Subjetividade (GIPS) no Departamento de Psicologia da PUC-Rio.

Sonia Kramer

Graduada em Pedagogia, mestre e doutora em Educação pela PUC-Rio e pós-doutora pela Universidade de Nova York, é professora da PUC-Rio, onde coordena o Grupo de Pesquisa Infância, Formação e Cultura (INFOC), os cursos Pós-Graduação em Educação Infantil e Pós-Graduação em Estudos Judaicos. Tem experiência na área de Educação, atuando nos seguintes temas: educação infantil, infância, formação de professores, políticas públicas e educação, alfabetização e leitura e escrita. Dedica-se a estudar Benjamin, Vigotski, Bakhtin e Buber.

Este livro foi composto com tipografia Bembo e impresso
em papel Pólen Bold 70 g/m² na Formato Artes Gráficas.